はじめてのジェンダー・スタディーズ

森永康子・神戸女学院大学ジェンダー研究会 編

北大路書房

まえがき

この本を手にとってくださった人へ。以下の質問に「はい」「いいえ」で答えてください。

①今の世の中は男女平等だ。　はい・いいえ
②女性に向く仕事と男性に向く仕事がある。　はい・いいえ
③チカンにあう女性にはスキがあると思う。　はい・いいえ
④女性の幸せは、結婚相手しだいだと思う。　はい・いいえ
⑤子どもが三歳になるまでは母親がしっかりとそばについているほうがよい。　はい・いいえ
⑥結婚したら、妻と夫は同じ姓にしたほうがよいと思う。　はい・いいえ
⑦男性より女性のいれたお茶のほうがおいしいと思う。　はい・いいえ
⑧一部の女性が「女性は差別されている」と言っている気持ちがよくわからない。　はい・いいえ

※「女性」のあなたへ　⑨結婚したら夫を支えて彼の夢を実現させてあげたい。　はい・いいえ
　　⑩デートは男性にリードしてほしい。　はい・いいえ

※「男性」のあなたへ　⑨結婚したら、妻には家庭をしっかりと守ってほしい。　はい・いいえ
　　⑩デートの時は自分がお金を払うことが多い。　はい・いいえ

「はい」が8コ以上の人

もしかしたら、「ジェンダー」という言葉を知らないかもしれないね。そんなあなたに、この本はピッタリ。最初から最後までしっかりと読んでみよう。これまで、ぼんやりと「何かおかしいなあ」と感じていたことが、形をもってはっきりとしてくるかも。

「はい」が5〜7コの人

ジェンダーにこだわっているところがあるかな。とにかく、この本を読んでみよう。学生の体験談（第一章と第二章の学生体験談）を読むと、ピンと来ることがあるかも。

「はい」が2〜4コの人

ジェンダー・フリーまでもう一歩。もう一度、この本を読んで、自分の考えを確かめてみよう。各章についている参考図書もためになる。もちろん、「ジェンダー・フリー」という言葉を知らなくても大丈夫。

「はい」が0〜1コの人

ジェンダーのことがよくわかっているね。おさらいのために、この本を読んでみよう。第三章以降についているコラムは、それぞれの専門家が書いているので、ジェンダーの勉強や研究を進めていくためにも役に立つはず。

自分や自分をとりまく世界を理解するための手がかりはいろいろとありますが、「ジェンダー」もそのひとつです。本書は、みなさんの身近にある、学校、恋愛、結婚、家族、仕事、マスメディア、さらには身体やセクシュアリティなどを取り上げ、ジェンダーという視点から、どのようなことが考えられるかを説明しています。ふだんあたりまえと感じ、何気なくやり過ごしていることも、ジェンダーという視点を用いるとこれまでとは異なる見方ができるようになり、それはみなさんの人生に新しい力を与えてくれるものとなるでしょう。

さて、この本の一番大きい特徴は、執筆者のバラエティにあると言えます。巻末の執筆者一覧をごらんになると、本書の執筆者がさまざまな領域に渡っていることがおわかりになるでしょう。「ジェンダー・スタディーズ」とは、いろいろな学問領域で行われているジェンダー研究の総称ですが、本書には、その特徴が十分に活かされています。同じテーマを取り上げ、同じようにジェンダーの視点から取り扱っても、たとえば、文学と心理学では研究の考え方も方法もまったく異なります。はじめてジェンダー・スタディーズを学ぶ人だけでなく、すでにジェンダーについて学んだことのある読者にも新しい視点を紹介できるでしょう。

また、ジェンダーが身近な問題であることを知っていただくために、第一章と第二章では、学生の体験談をコラムにしています。はじめてジェンダー・スタディーズを学ぶ読者のみなさんには「そう言えば、そんなことがあったな……」と気づいていただけると思います。第三章以降のコラムは、ジェンダーの視点をもった研究とはどんなものなのかを紹介するために用意しました。いろいろな領域の研究者が書いていますので、もっと専門的な勉強がしたい、卒業論文でやってみたいと考えている読者に、ジェンダー研究の枠組みを提供できると思います。みなさんの興味や関心に応じて、本書をうまくご利用いただければ幸いです。

二〇〇三年春

研究会を代表して　森永康子

はじめてのジェンダー・スタディーズ／目次

第三章◎恋愛がもつ意味と力

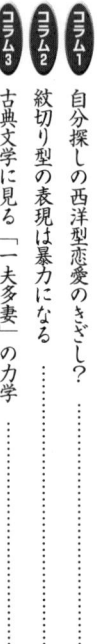

第四章◎家族の変遷とジェンダーのゆくえ

第五章◎主婦とはどういう存在なのか

第六章◎母性は女性の本能か？

第七章◎仕事にまつわるジェンダー・ギャップ

神戸女学院大学
ジェンダー研究会について

兵庫県西宮市にある神戸女学院大学には「女性学インスティチュート」という研究機関があり，女性やジェンダーに関する研究をするにはとても恵まれた環境です。その大学で，ジェンダーに関心をもっている教員が集まって研究会を作りました。それが神戸女学院大学ジェンダー研究会です。研究会が始まったのは2000年春。ジェンダーに興味をもっているということは共通していたのですが，それぞれの専門領域が，日本文学，英米文学，経済学，西洋史，心理学とばらばらだったので，最初はまずお互いの研究の紹介から始まりました。回を重ねるに連れ，大学院生，学部生，さらには他大学の学生も参加するようになりました。集まりのあとのアルコール付き食事会も，研究会の魅力を高めてくれたのかもしれません。

こうして研究会を進めるうちに，「一緒に本を書こう」という目標ができました。この本にとりかかったのは，2001年春。まったく無の状態から，章の組立てを考え，担当を決め，原稿を書くという作業が続きました。各章のコラムに関しては，ジェンダーに関心を持っておられる方々に幅広く執筆を依頼しました（コラム執筆者のみなさまに，この場を借りてお礼申し上げげます）。できあがった原稿は，研究会で発表され，議論され，そしてさらに修正が重ねられていきました。時には火花を散らすくらいの，激しいまでに熱い議論が交わされたのです。

そして，女性学インスティチュート職員（当時）の豊福裕子さん，北大路書房の関一明編集部長，神戸女学院大学研究所の出版助成のおかげで，こうしてみなさんのお手元に一冊の本としてお届けすることができました。

みなさんも神戸女学院大学のお近くにお越しの際には，研究会を覗いてみませんか。どなたでも参加可能です。

研究会のホームページは　http://www.eonet.ne.jp/~morinaga-office/gender/team_genders.htm　です。

第一章　女と男——ジェンダーから見えてくるもの

女に見える？男に見える？

あなたは、自分の家から外に出るとき、鏡で自分の姿をチェックするだろうか。きっと多くの人が、ヘアースタイルは決まっているか、服の組み合わせはいいか、後ろ姿はオーケーか、などなどを鏡を見ながら毎朝悩んでいることだろう。そして、「今日もばっちり」とドアを開ける人もいれば、「うわっ、遅刻だ」と焦って飛びだす人も……。ところで、あなたは鏡の中に映った自分を「女に見えるかな、男に見えるかな」という目で見たことがあるだろうか。

ふだんはあまり気にしないことだけど、私たちの社会では「女に見えるか」「男に見えるか」は、けっこう大切なことだ。たとえば、見ただけでは性別のわからない人に出会ったときのことを思い浮かべてみてほしい。といっても、おそらく多くの人はそんな経験はないだろう。でも、もしそんな状況になったら……。きっと「この人は女だろうか、男だろうか」という考えが頭の中で渦を巻いて、その人と話をするなんて余裕もなくなるし、なんだか居心地悪いに違いない。そして、なんとかしてその人の性別を知ろうとするだろう。他の知りあいに聞いてみたりするかもしれない。そして、その人の性別がわかると、他の友人たちと「ねえ、ねえ、聞いて。あの人、男なんだって！」「マジかよ?!」と盛りあがったりするのではないだろうか。きっとそれは、若いと思っていた人が想像していたよりもずいぶん年配だったりしたとき以上の事件になるだろう。でも、女か男かがわからないなんてことはめったにないのが現実。たいていの人は、見ただけで女か男かがきちんと判断できる。だからこそ、鏡を見たときに「女に見えるか、男に見えるか」なんて気にしないのだ。

外見は、その人が身体的にも女であるか男であるかを判断する唯一の手がかりになることが多い。多くの場合、「女に見える人＝身体的にも女性」「男に見える人＝身体的にも男性」なので、外見でその人の身体的な性別がわかるといってもいいだろう。だからこそ、それが判断できない人に出会うとなんだか居心地の悪い思いをするのだ。では、なぜ、性別を判断することがそんなに大切なのだろうか。

世界は女と男に分かれているらしい

さて、ここであなたのまわりをよく見てほしい。ふだんあまり気づかないのだけど、私たちのまわりの世界には「女」のカテゴリーと「男」のカテゴリーに分けられているところがけっこうある。トイレ、風呂、更衣室、婦人服売り場と紳士服売り場のように、ドアにはっきりと書いてあったり、きちんと区切ってあるものから、職業、趣味、性格、行動などのように、はっきりと区切られてはないけれど、それでも見ただけ聞いただけでなんとなく女のカテゴリーか男のカテゴリーかを判断できるものまで。
保育園の先生、タクシーの運転手、人形遊び、ラジコンカー、口紅、スポーツ刈りなどの言葉を聞くだけで、おそらく多くの人が、それが女のカテゴリーに属するものか、男のカテゴリーに属するものかを判断できるだろう。料理をする、重い荷物を持つ、お茶をいれる、机を運ぶ、野球部のマネージャーになる、生徒会長になる、英語が得意、数学が得意、他人の世話が上手、決断力がある、なども、「女性のすること」「男性のすること」、「女性の得意分野」「男性の得意分野」、「女性の性格」「男性の性格」などのように女のカテゴリーと男のカテゴリーに分けていくことができるだろう。

こうして見ていくと、どうも、世界は女と男に分けられているようだ。最初に「女に見えるか、男に見えるか」という話をしたけれど、服装に関しても、地球上の多くの場所でぱっと見ただけで女性と男性に区別できるものを人々は着ている。特に、正装といわれるものや民族衣装といわれるものは、女性と男性をはっきりと区別しているものが多い。また、たとえ、男性が化粧をしスカートをはく地域を訪れても、一度「化粧をしスカートをはくのは男」というルールを知ってしまえば、その地域に暮らす女と男を見分けるのは簡単だ。

世界は女と男に分けられている。だからこそ、性別を判断することは重要なのだろう。でも、なぜ世界が女と男に分けられているのか、なぜ性別を判断することが重要なのか、じつのところその理由はよくわからない。もしかしたら、子孫を残すために性別がすぐ見分けられることが必要なのかもしれない。もしかしたら、人間はいろんなものを分類するのが好きな生き物で、おまけに性別は見ただけでわかることが多いので、分類する基準として手軽だったのかもしれない。もしかしたら、女と男を分けると便利なことがいっぱいあるのかもしれない。そして、世の中が女と男に分けられてしまっているために、そこで暮らす人々が女と男を分けることが重要だと思ってしまうようになったのかもしれない。どんな理由があったにせよ、二十一世紀の今も、女と男は分けられていることが多いのが現実だ。

女と男？日本語では「性別」というけれど

学問の世界では二つの考え方で性別をとらえることが多い。一つはセックス。セックスには性交という意味もあるけど、ここでは生物学的な性別を意味する。つまり身体構造に関連するところで人間を分類するもの。言い換えると「メスとオス」と考えてもいいだろう。もちろん、セックスを二つではなく、三つや四つに分けてもかまわないが、今はとりあえず二つにしておこう。なお、セックスは二つではなくそれ以上あるという考え方や、また、セックスを遺伝子のレベルで考えるのかホルモンのレベルで考えるのかという問題などもある。これらについては、参考図書を参照してほしい。

さて、もう一つの性別の考え方はジェンダー。こちらは、社会的・文化的な性別とよばれるもので、女らしさや男らしさ、女性の役割や男性の役割と考えてもいいだろう。つまり、女性や男性にふさわしいと社会から見なされるような性格、行動、態度、ものの考え方などをもとに女性と男性を区別するというもの。

「セックス」と「ジェンダー」なんて難しいと思うかもしれないけど、たとえば、あなたは友だちのことを「彼女は男っぽいよね」「もう！　あいつは男のくせに」のように思ったことはないだろうか。そう思ったことがある人は、ちゃんとセックスとジェンダーを理解しているということ。「彼女は男っぽいよね」というのは、少し長くなるけど、「あの人は、生物学的にはメス、つまり、女性器を持っているんだけど、性格や行動は、今の社会で男性にふさわしいとされているような特徴を示しているよね」と言っているのと同じことになる。「あいつは男のくせに」というのは、「あの人は、生物学的にはオスで男性器を持っているが、その行動や性格は、今の社会では男性にふさわしくないとされているような特徴をもっている」と言い換えられるだろう。

ここで出てきた「女性器を持っている」あるいは「男性器を持っている」というのを身体的な性別つまりセックスとよび、「今の社会で女性にふさわしいとされる特徴」「今の社会で女性にふさわしくないとされる特徴」、あるいは、「今の社会で男性にふさわしいとされる特徴」「今の社会で男性にふさわしくないとされる特徴」というのがジェンダーなのである。

「ジェンダー」という言葉について考えてみる

では、なぜ、セックスとジェンダーの二つを使うのかということを考えてみよう。もともとジェンダーは、フランス語やドイツ語などにあるような女性名詞や男性名詞のことを意味していた。それを社会的・文化的な性別という意味で使い始めたのは、一九六〇〜一九七〇年代あたりからのことである。つまり、この頃、セックスとジェンダーを区別したほうが便利ではないかと考える人たちが出てきたということだが、この時代的な背景の話は第十二章に譲ることにして、ここでは、ジェンダーについてもう少し考えてみよう。

まず、「ジェンダー」という用語の使い方に注意してほしい。先ほど、ジェンダーとは社会的・文化的な性別だと紹介した。しかし、この「ジェンダー」という言葉やジェンダーに関連する用語は、使われるところや使う人によって、使い方や意味が異なっていたりする。社会や文化によってつくられた性別という使い方を超えて、たとえば植民地を支配する立場を男性的なもの、支配される立場を女性的なものと見なして、ジェンダー的支配とよぶというような一種のたとえのような使い方もある。つまり、女と男の話だけではなく、社会のしくみや国と国との関係のようなところでも使われているということだ。

なぜこのようにいろいろな意味で使われているのかというと、ジェンダーに関する研究が、社会学、心理学、文学、経済学、歴史学、法学、哲学、教育学、医学などのいろいろな領域を背景にしている専門家によって、それぞれの立場から幅広く行われているためである。また、「ジェンダー」は専門家が研究をするときに使うだけでなく、私たちのごく身近な問題を考えるキーワードにもなっている。働く女性と男性、妻と夫、恋愛中のカップル、母親と子ども、また、自分探しをしている個人など、「女性の役割／男性の役割」「女だから／男だから」と言われるようなことに疑問をもっている人やなんらかの解決を求めている人によって、ジェンダーという言葉はさかんに使われており、その人の考え方や立場によって使い方も意味も少しずつ異なってくるのだ。

この本の中でも、「ジェンダー」という言葉がさまざまに使われているので、少し混乱することもあるかもしれない。でも、これだけいろいろな意味に使われているっていうことは、逆に、この「ジェンダー」という言葉が、私たちを取り巻く世界を理解する大きな手がかりになっていると考えてほしい。

女らしさや男らしさはどのようにして身につくのか

ここで、あなた自身のことを考えてみよう。あなたはどのくらい女らしさや男らしさを身につけているだろうか。その社会や文化の中でそれぞれの性にふさわしいとされる行動や考え方を、個人がどのくらい身につけているかという程度をジェンダー・アイデンティティという。ここでは、「その社会や文化の中でそれぞれの性にふさわしいとされる行動や考え方」を簡単に「女らしさ」「男らしさ」とよぶことにしよう。

女らしさや男らしさがどのようにして身につくのかを考えてみよう。子どもたちは、自分のまわりにいる人たちをお手本にしていろいろなことを学ぶ。たとえば、家に入るときには靴を脱ぐこと、その靴の脱ぎ方、言葉そのもの、言葉づかいなど。お手本となるのは、親やきょうだい、学校の先生、そして、童話や漫画、テレビのアニメやドラマの登場人物など。こうした人たちから女らしさや男らしさも学ぶと考えられる。たとえば、母親が食事の用意をし、洗濯をし、化粧をし、スカートをはくのを見る。父親が食事をし、スーツに着替え、会社に行き、夜遅く帰ってきて、テレビのリモコンをいじるのを見る。母親と父親が食卓で出す話題、言葉づかいや表情などを見たり聞いたりして、女性のすること、男性のすること、そして、その陰にある価値観も学んでいるだろう。祖母や祖父、姉や兄がいれば、その人たちもお手本になる。テレビのアニメでは登場人物の女の子や男の子が、いろいろなことをしていろいろなことをしゃべっている。そうしたアニメもお手本になるかもしれない。

また、まわりの人からほめられたり叱られたりすることでも、女らしさや男らしさは身につく。母親の手伝いをしてほめられると進んでお手伝いをするようになる。転んで泣いて叱られると、転んでも泣くまいと我慢するようになる。「かわいい」とほめられると、かわいいことが大切になる。

「かっこいい」とほめられるとかっこいいことが大切となる。自分が直接ほめられたり叱られたりしなくても、赤ちゃんの世話をしている女の子が大人からほめられたり、人形遊びをしている男の子が友だちから笑われたりしているのを見るだけでも、影響を受けるだろう。

このように、子どもたちはお手本を通して、その社会で女性にふさわしいとされる行動や考え方、男性にふさわしいとされる行動や考え方を身につけていくと考えられる。だが、本当に女らしさや男らしさは身についているのだろうか。

ルールとしての女らしさ、男らしさ

多くの人は、家の中と外では着るものだけでなく、言葉づかいやふるまい方、表情なども変えている。あなたは、教師と一緒にいると学生らしくふるまうが、バイト先のコンビニでは店員らしくふるまうし、親の前では反抗期の子どもとしてふるまっている、というようにいろいろな面をもっているはずだ。そう考えると、女らしさや男らしさだって、誰か特定な人と一緒にいるときに出てくるということだってあり得るのではないだろうか。女らしい人と思われたい、男らしい人と思われたい、あるいは女らしくない人と思われたくない、男らしくない人と思われたくない、という気持ちから、私たちは自分のふるまいを変えているのではないだろうか。もちろん、そんな気持ちには自分でも気づかないことが多いのだが。恋愛中の女の子や男の子が、妙に女らしかったり男らしかったりするのは、そんなことかもしれない。つまり、女らしさや男らしさは、私たちが生きていくときのひとつのマニュアルになっていると考えられる。

また、「子どもは子どもらしく」「中学生は中学生らしくしろ」などはよく言われること。女らしさや男らしさもそのひとつ、「女は女らしくしろ」「男は男らしくしろ」。つまり、女らしさや男らしさはひとつのルールでもあるのだ。職場で、女性だけがお茶くみ当番をしたり、男性だけが荷物を運んだりという、女性や男性に振られた役割はこのルールに基づく。私たちは子どもの頃から、このルールを守っている人をお手本にし、ルールを守るようにしつけられ大きくなった。そのため、そんなルールがあることにも気づかないことが多い。しかし、このルールからはみ出すと、とたんに「女のくせに」「男のくせに」「女は引っ込んでいろ」「それでも男か」のような言葉とともに、はみ出し者として扱われるようになる。そうなって初めて、このルールの厳しさに気づくこともあるだろう。

このように、女らしさや男らしさはマニュアルとなりルールとなり、私たちの気づかないうちにしっかりと私たちの中に入り込んでいる。でも、もしマニュアルやルールだとしたら、マニュアルを変えたりルールを変えたりすることだってできるのではないだろうか。みんなでがんばれば、法律や校則を変えることができるように。

まとめ
——ジェンダーから見えてくる社会

女性器を持っているからお茶くみをするのではなく、その人たちの役割とされているからお茶くみをするのだ。男性器を持っているからデートでお金をたくさん払うのではなく、その人たちの役割とされているからお金を払うのだ。そして、お茶くみが女性器を持っている人の役割とされている社会では、女性器を持っている人間にお茶くみをするように期待し、それに応じてしつけをする。デート代を出すのが男性器を持っている人の役割とされている社会では、男性器を持っている人間にデート代を出すことを期待し、それができる人間になるようしつける。だから、お茶くみが男性器を持っている人の役割とされている社会や、デート代を出すのが女性器を持っている人の役割とされている社会では、それぞれの役割を果たすように期待されたり圧力がかかったりする。

どのような役割を女性器を持っている人間に与えるか、男性器を持っている人間に与えるかは、社会や文化あるいは時代によって少しずつ変わってくる。たとえば、お茶くみも最近では男女に関係なく当番制にする職場もあるらしい。でも、女性や男性の役割の内容が変わろうと、その社会によって規定されている役割を身につけることで、その社会で女らしいといわれる人間や男らしいといわれる人間ができあがる。このように、女性の役割や男性の役割、あるいは、女らしさや男らしさといわれるものの中身は、その多くが社会がつくりあげたものと考えられる。
女性がお茶くみをして男性がデート代を払うというようなことを「あたりまえ」と思っている人はけっこうたくさんいる。でも、「イヤだ」と思っている人も意外に多い。もし、あなたが「あたりまえ」と思っている人だったら、この本を読んで、それがあたりまえのことではなく、あなたの住んでいる社会によってつくられた考え方だったのだということに気づいてほしい。もし、あなたが「イヤだ」と思っている人だったら、その思いをどのようにすればきちんと他人に伝えることができるのかを、この本から学んでほしい。いずれにしても、「ジェンダー」という考え方が、こうした問題を解く手がかりになる。そして、一度ジェンダーという考え方を手に入れると、今あなたが住んでいる社会のいろいろな問題が見えてくるようになるだろう。

読者のための参考図書

『女性学・男性学』伊藤公雄・樹村みのり・國信潤子　有斐閣　二〇〇二
身近な生活のさまざまな場面を、ジェンダーの視点から読み解く入門書。漫画もあってわかりやすい。

『女性学キーワード』岩男寿美子・加藤千恵(編)　有斐閣　一九九七
ジェンダー関係の用語や概念がわかりやすく説明されているので、勉強をするときに手元に置いておきたい本だ。

『性のグラデーション』橋本秀雄　青弓社　二〇〇〇

著者は、女性でも男性でもないインターセックス。性別は女と男だけではないという考え方が述べられている。

学生体験談1

“ぼく”ではない“わたし”

私には三歳になる姪がいる。彼女は、三歳前後になって、ぬいぐるみや人形を動かして遊ぶことができるようになったのだが、彼女との遊びを通して、私はひとつの問題を考える手がかりを得た。

姪っ子は、人形を使って遊び始めるようになって、一人称の概念を知った。それまで自分をさすものは〝加奈〟という姪っ子の名前だけであり、何をするにも自分だけが中心であったのが、自分以外の人物もまた中心になり得ることを姪っ子なりに理解したようだ。彼女は人形を主人公にして遊べるようになった。姪っ子が初めて私と二人、それぞれ人形を動かしながら、人形になったつもりで会話したとき、私がたまたま手に取ったのは、くまのプーさんの人形だった。そこで私は「ぼくはね、プーさんっていうんだ」と男の子の言葉を使った。その後も私は特に意識せず、手にした人形によって男の子言葉と女の子言葉を使い分けていた。ところが、姪っ子はというと、最初のプーさんの言葉が焼きついてしまったのか、男の子の（ように見える）人形であろうがなかろうが、「ぼくは〜なんだ」「ぼくは〜するんだ」といわゆる男の子言葉で話すようになっていた。スカートをはいたウサギのぬいぐるみを持っていても「ぼくは……」と話し、気がつけば、自分のことも「ぼくはね」と話していた。それが私には〝間違っている〟ように聞こえた。だから私は次のように言った。「加奈は〝わたし〟、なんだよ」。するとこの年齢の子に特有の興味で、姪っ子は「なんで」と聞いてきた。「女の子だから」。再び「なんで」。「女の子は〝わたし〟、〝ぼく〟は男の子しか使わないの」。やはりまた「なんで」。「そういうふうになってるの」。「なんで」。問い返されて、私は言葉に窮した。ひとつには、姪っ子が「ぼくは」と話をすることへの違和感は、私にとっては自明のことで、「そういうものだから」以上の説明ができないと思ったからである。そして、そうやって違和感をもつのはなぜだろうと、自分でもよくわからなくなってしまったからである。そう、なぜ私は姪っ子の男の子言葉を間違っていると思ったのだろう。

姪っ子の「なんで」の言葉以来、私は今も考えている。現在の私が、意識もせず当然のように使って、自分自身の一部になっている言葉も、周囲のあらゆるものに影響を受けているだろう。私は女性だから、女性が使うにふさわしいとされる言葉や表現を吸収してきているはずだ。私は、自分自身の考えを話すとき、〝わたし〟を主語にしている。〝ぼく〟や〝おれ〟を主語にすることはない。自分をさして「ぼく」と言うのは、私自身の言葉になっていないから、もし使ったとすれば、どうしようもない〝そぐわない感じ〟をいだいてしまうだろう。言葉というのは思考に密接にかかわっているものだ。それならば、私の思考も、意識しないような根本的なところで女性的であるかもしれない。

最初の人形遊びの日から四ヶ月ほど経った。今、くだんの姪っ子は「あたしはね……」と話している。先日「〝ぼく〟って言わないの?」とたずねてみた。「加奈は女の子なの」と答えが返ってきた。（枷場美穂）

学生体験談 2

スカート嫌い

私には、これまで、「女らしくしなさい」とか「女の子でしょ」という言葉が浴びせられたことがない。だから、そう言われることでひどく窮屈な思いをしたことも一度もない。かといって、「女らしさ」と無関係だったかというと、そうでもない。

というのも、私は、スカートという名の、多くは女性特有のものとされている服が嫌いだからだ。はっきりした原因はわからないが、嫌いだという思いだけが強く私の中にある。それにこれまで、何度となくスカートに抵抗した経験がある。

最初の抵抗は、忘れもしない小学校の卒業式の日だ。その日は、来賓や保護者の目もあるため、美しく統制がとれたものにしたいと願う先生たちの思いか、上は何でも良いが、下は「女の子はスカート」「男の子はズボン」を着用することが望まれた。それも黒系統のものをという注文つきで。

ほとんどの小学生は、進学予定先の中学校の制服を着てきた。それがふさわしい服装と考えたのだろう。もちろん私の手元にもすでに中学校の制服は届いていたが、断固として反発し、式にはスカートではなくキュロットスカートをはいた。

次の抵抗は、中学の制服だった。私の通う学校はセーラー服だった。けれど、制服反対運動を起こすほどにエネルギーを持ちあわせていなかった私は、「これは衣装だ、学校に通うためのものだ」と言い聞かせ、三年間を過ごした。高校時代も同じようにそう思い込ませ、卒業と同時に何のためらいもなく制服を捨てたときのことは、今でも鮮明に覚えている。

だから、大学進学とは、スカートをはかなくていいことに無限の喜びを感じた瞬間でもあった。それは、すでに入学式から始まっていた。

ところが、大学生になってからも、どうしてもスカートをはかなければならないことがあった。それは、毎年のクリスマスの頃である。私の通う大学はキリスト教系なので、聖歌隊というクラブがあった。そこに所属していたため、教会でのクリスマスの祈りを捧げる礼拝のときや施設を訪問して歌うときなどは、黒のスカートを着用しなければならなかったのである。もちろん私はそんなことは知らずに入部していた。どれだけ学年が上がろうと、部員が変わろうと、私以外の部員はスカート姿で集合し、私だけがズボン姿で集まり控え室で着替えた。こうして必要最低限しかスカートをはかずにいた。大学時代にスカートをはいたのは、聖歌隊で歌うときだけである。

このようにしてスカートと過ごしてきた。はてさて、どうしてこんなに嫌いなんだろう。強制されてスカートをはいたとき、スカートとは衣服である以上に、もっともよく目に見える形で女を象徴するものだと感じたことがある。スカートをはくことで、急に言葉が発せられなくなり、立居振舞が制限されるなど、普段の自分とは違う自分を感じ、さらにはそこに息苦しさを感じた経験もある。同時に、社会的に女であることを引き受ける息苦しさを感じたのもたしかだ。だから、おそらく私という人間は、それに気づいた日からスカートをはくことをやめ、女であると認識されることを避けたのだろう。

つまり、それぞれの時代でスカートに抵抗したときとは、女であることを避けてきたときということだ。それは、「女らしさ」と無関係だと思ってきた私の、裏を返せば、誰よりも女であることを意識していた瞬間であるのかもしれない。

（古橋右希）

学生体験談3

笑い声の力

二〇〇二年の冬、私はミャンマーを旅した。この国には魅力的なところがたくさんあるが、その中のひとつは男を含めて九割以上のミャンマー人がまだ伝統的な民族服、ロンジー（写真参照）をはくということである。男と女ではロンジーの色と結び方が違うが、男女にかかわらずロンジーというのは根本的に大きな輪になっている布であって、はく人はその中に立ってウエストの周りに巻いて結ぶ。正しくはくと、足首まである長いスカートのように見える。熱帯国の暑さでは、ズボンよりはるかに楽である。

私の母国、アメリカでも、そして留学先の日本でも、男性はスカートみたいなものをはいて外に出ることはきわめてめずらしい。スカートやロンジーのようなはきものは女性しかはかないものだとされていて、男性は窮屈なズボン類のものだけをはくのが習わしだ。私はミャンマーで初めてロンジーをはいた瞬間に、アメリカと日本の男性が、ズボンにどんなに束縛されているか気づいた。ほとんどのアメリカと日本の男性は、足のまわりを自由に動く布の心地の良い感触や、さらさらと動く風を一生経験しないだろう。

　アメリカや日本では、男性がスカートなどをはかないルールはどこにも正式に書いていないが、全てのアメリカ人や日本人はこのルールを気がつかずに守っている。万が一、ある男が家の外でスカートかロンジーみたいなものをはいたら、どういう目にあうのだろうか？　まわりの人々にじろじろ見られたり、笑われたり、いじめられたり、もしかしたら暴力を受けるかもしれない。ミャンマーでは男でもロンジーをはく、スコットランドでは男でもキルトをはくといくら自己弁護しても、知らない人は変な目で見るだろう。

　実際に私はミャンマーから意識してロンジーをはいたまま関西国際空港へ降り立ってみた。空港を出てバスを待っている間、私はたびたび人々の好奇に満ちた視線や、冷たい目を感じないわけにはいかなかった。中には「どちらから来たのか」とたずねる人もいたが、多くの人々はただ黙ってじろじろと見ていた。バスから降りたときには誰かのくすくすという笑い声も耳にした。私は実験だと思いつつも、普段は辛抱強い私の心はしだいにいらだち始め、だんだんと心地悪くなってきた。

　こういう笑いはたとえ小さくても大きな力をもつ。その反応は「男」と「女」の行動、服装、ふるまい方などについて「どこかが違う」と強調しながら、その境界線を踏んだり越えたりする人に、社会の規則を破っているよと警告する。

しかし、そういう「男」と「女」の境を維持して、「男らしくない」ものや「女らしくない」ものを排除する傾向には、本当に根拠があるのだろうか？ミャンマーでは「男」もはくものだとされたロンジーは、アメリカや日本では「女」のものと見なされる。要するに「男らしい」ものと「女らしい」ものは自然に決まっているものでもないし、普遍的なものでもない。だから、男でもスカートをはいてもいいじゃない？

（ジェフリー・アングルス）

第二章　学校で伝わるジェンダーのメッセージ

家庭科の歴史
——男女共修への歩み

かつて、男女共学の高校で女子が家庭科をしているとき、男子が体育をしていたという時代があった。今では、女子も男子も一緒に家庭科を学んでいる学校が多いけれど、それが正式に始まったのは一九九四年のことだ。中学では一九九三年。つまり、ほんの少し前まで、家庭科は女子だけが学ぶ教科だったのである。どうしてだろう。それを考えるため、ここで家庭科の歴史を少しふり返ってみよう。[*1]

第二次世界大戦が一九四五年に終わった後、アメリカの占領軍によって日本の民主化が進められた。そして、戦前、女子には、礼儀作法、家事裁縫、お茶、お花などが大切とされていたのが、戦後、新しい憲法(これが今の日本国憲法)で保障されている男女平等を、家庭科の中にも取り入れていこうという動きがあったという。しかし、この動きは一時的なものだったようで、高校家庭科の家庭一般は学習指導要領の改定のたびに、「女子必修が望ましい」(一九五六年)、「原則として女子必修」(一九六三年)、「すべての女子に必修、男子は体育2単位増」(一九七三年)となっていったのである。

しかし、こうした動きに、おかしいと思う先生や生徒もいたし、声をあげる人もいた。そのような人たちの中から「家庭科の男女共修をすすめる会」というのができたのである。これが一九七四年。この会の人たちや同じような考えをもつ人たちの努力が実り、一九八七年に教育課程審議会は、家庭科女子必修を見直すという答申を出した。これに基づいて学習指導要領が改定され、男子も家庭科を学ぶようになったのである。

こうした変化は、家庭科だけで生じたのではなく、国際連合の国際女性年（一九七五年）とそれに続く国連女性の十年（一九七六―一九八五年）のように、女性に対する差別や男女の役割分業撤廃の取り組みが世界的にすすめられていたという背景がある。なお、国連では女性差別撤廃条約が一九七九年に採択されたが、日本がこの条約を批准したのは一九八五年。批准が遅れたのは、家庭科の男女共修や男女雇用機会均等法（第七章参照）などのように、国内のさまざまな法律を改正する必要があったためである。

隠れたカリキュラム
――ひっそりと伝わるメッセージ

家庭や職場では、女性と男性は平等に扱われていないと思っている人の中にも、学校や教育の現場では平等と感じている人もいるだろう。でも、学校の中にもちゃんとジェンダーは入り込んでいる。家庭科はそのひとつの例だ。この教科は「女性は家事・育児に責任をもち、家庭を守る。男性は日本のため企業のため家族のため働く」という、性別による役割分担を生徒たちに伝えるものだった。では、この家庭科が男女共修になったことで、学校教育は男女平等になったのだろうか。

ここで、知っておいてほしい言葉は、隠れたカリキュラム。学校では、児童生徒が教育課程に示されている内容以外のものを学ぶことがことがある。たとえば、もし、一部のある人たちだけがいつも教室の前のほうに座って、そして別の一部の人たちはいつも教室の後ろのほうに座っているとしたらどうだろう。そして、それが小学校から高校まで続いていたとしたら。きっと、いつも前に座っている人たちは「自分たちは他の人の前にいる人間」、後ろに座り続けている人は「自分たちは他の人の後ろにいる人間だ」というような考えができあがるのではないだろうか。そして、もしかしたら、前にいる人たちは、「自分たちは先頭に立つ役割をもっていて、なんでも優先されるべきだ」みたいな考えができあがるかもしれない。もし、この席順を、その生徒の住んでいる地域だとか、肌の色だとかで決めていたとしたらどうだろう。つまり、P町の子どもは前、Q町の子どもは後ろというように。たぶん多くの人は、「ひどいなあ」「差別じゃないか」と思うのではないだろうか。住んでいる地域や肌の色でなくても、子どもたちをずっとある位置に固定することは、「あなたはこういう人だよ」というメッセージを送っているということだと気づいてほしい。

これが隠れたカリキュラムの例だ。学習指導要領にはどこにも書いてないし、授業の時間割にも組み込まれていない。でも、学校の中で起こっていることが、そこで学ぶ人たちに知らないうちにいろいろなことを伝えている。そして、多くの場合は、そのメッセージを送っている人も自分がそんなメッセージを送っていることに気づいていないのである。子どもたちに伝わるメッセージの中には「女とはこういうもの」「男とはこういうもの」というジェンダーに関するものも含まれている。このジェンダーについての隠れたカリキュラムをここで考えてみよう。

出席簿——女子、男子のどちらが先？

ある人たちをある位置に固定するしくみは、出席簿にも現れている。共学の学校に現在通っている人や過去通っていた人は、出席簿を思い出してほしい。最近では、女子が先になっているものや、性別に関係なくアイウエオ順になっている出席簿（男女混合名簿）も増えてきている。しかし、ほんの少し前まで多くの学校で使われていたのは、男子が先にアイウエオ順に並び、男子が全部終わってから女子がアイウエオ順に並ぶというものであった。

もし、幼稚園や保育所に通っている頃から高校を卒業するまで、ずっと「男子が先で女子が後」という順番の名簿を使っていたら、どういうことが起こるだろう。前に説明した席順の話と同じようなことが起こる可能性が高いと考えられないだろうか。つまり、「男性が先で女性はその後をついていくもの」あるいは「男は優先されるべきもの」というようなメッセージが、生徒自身も気づかないうちに生徒に伝わっているかもしれないということだ。幼稚園や保育園から十年以上にわたって伝えられてきたメッセージに気づいたり、それを捨てたりすることはなかなか難しい。

ところで、あなたは、男子が先で女子が後になっている出席簿のことをどう思うだろうか。もしかしたら、「出席簿なんて、そんな小さなことくらいで」「世の中にはもっと大切なことがあるはず」というように思っている人がいるかもしれない。出席簿を男女混合にしようという動きが始まった頃、反対する人も多かったようだ。そして、その反対の理由のひとつに、「そんな小さなことくらいで」というのがあったそうだ。本当に「そんな小さなこと」なら簡単に変えられるはずなのに、実際には「そんな小さなこと」でさえ、人々の考え方を変えるのは大変だったようだ。もし、「そんな小さなこと」さえなかなか変えられないなら、どうして「もっと大切なこと」が変えられるのだろうか。おそらく、今の社会のいろいろな問題は、その根っこに「そんな小さなこと」がいっぱいあるに違いないと筆者は思う。

それから、反対する人の意見には「男女別の出席簿のほうが便利だから」という理由もあったそうだ。たしかに、健康診断のときなど、女子と男子の名簿が別べつにあったほうが、先生にとっては楽だろう。でも、学校の生活を見ていると、絶対に女子と男子を別にしなければならないという状況はそんなに多くない。それよりも、もし男女別の出席簿を作ることで、「男子が先、女子が後」あるいは「女子が先、男子が後」というようなメッセージを子どもたちに与えてしまうならば、そのほうがよっぽど害が大きいのではないだろうか。

学校で働く人々
——英語は女性、数学は男性？

さて、ここまで読んできた人の中では、「私の通った高校では、家庭科は女子も男子も一緒に授業を受けていたし、出席簿も男女混合だったから、隠れたカリキュラムとは無縁だな」と思っている人もいるかもしれない。しかし、隠れたカリキュラムは出席簿のことだけではない。

図2-1は、全国の幼稚園、小学校、中学校、高校で女性の先生がどのくらいいるかという割合を調べたものだ。この図を見ると、上の学校に進むほど女性の先生の割合が少なくなることがわかる。

女性教員の割合が高い小学校でも、低学年の担任には女性が多く、高学年になると男性の割合が高くなる。また、教科によって担当する教員が異なる中

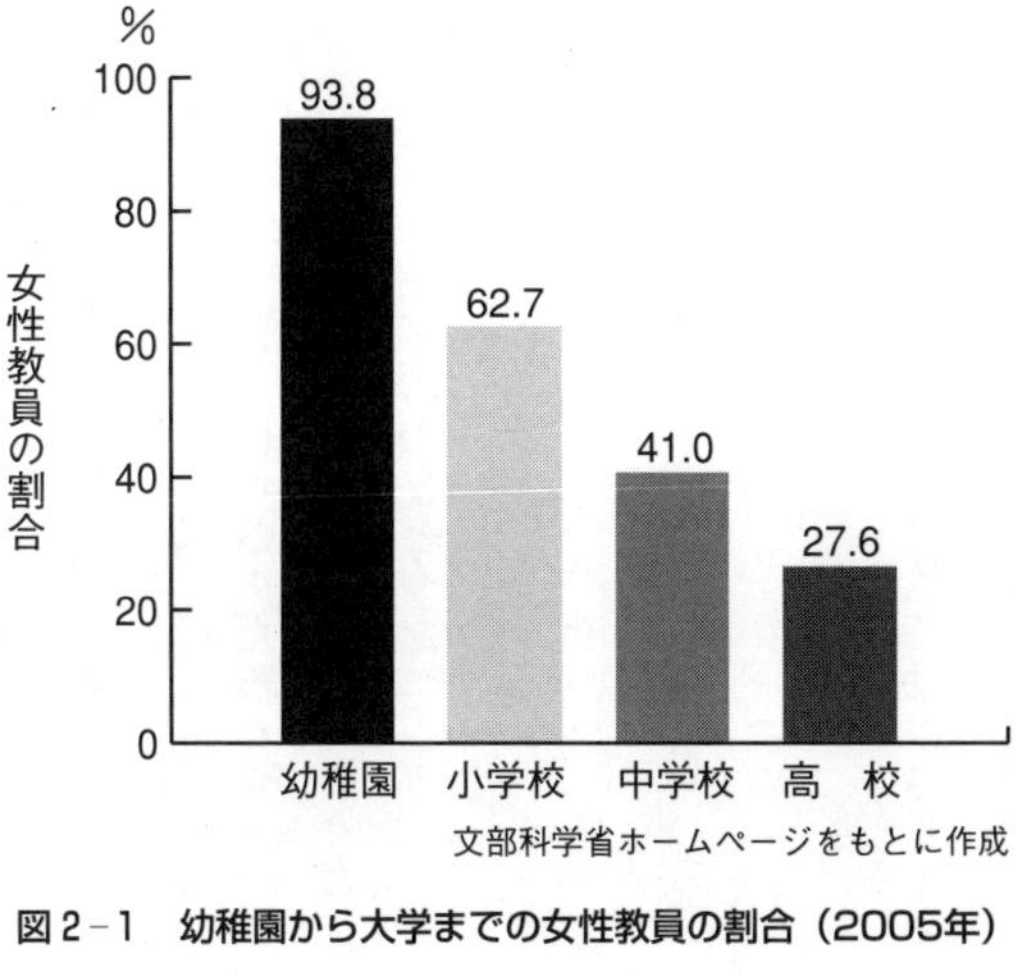

文部科学省ホームページをもとに作成

図2-1　幼稚園から大学までの女性教員の割合（2005年）

学や高校では、女性の先生は国語や英語の担当が多く、男性の先生は数学や理科が多い。

幼稚園や保育園では女の先生がいっぱい、小学校では男の先生が少し増えて、中学から高校へと、上の学校に進めば進むほど男の先生がどんどん多くなる、また、国語や英語に女の先生が多くて、理科や数学に男の先生が多いということを体験してきたらどのようなことになるのだろうか。小さい子どもを相手にするのは女性、難しそうな勉強は男性、文系は女性、理系は男性というようなメッセージが生徒に伝わっているかもしれない。これも隠れたカリキュラムのひとつだ。

教科書に描かれた女と男
——主人公は男性？

学校では教科書を使って授業が進められることが多い。表2-1は、中学・高校で使用されている英語の教科書に出てくる主人公や主人公以外の登場人物を性別で数えたものである。[*2] 学年が上がるにつれて、主人公も登場人物も男性が増えてくることに注目してほしい。

そして、物語の主人公の肩書きをまとめたのが表2-2。高校二、三年生用の教科書に出てくる女性主人公の場合は、職業と見なせるのが「作家」「レポーター」「講師」「バレエ・ダンサー」であるのに対して、男性は、「教師」「科学者」「牧師」「事務員」「医者」「探偵」など数多い。

ここで紹介したのは英語の教科書だが、同じようなことが社会科や国語の教科書などでも見られ

表2－1　英語教科書の物語文中の主人公・登場人物の男女別登場人数と男女比＊2

	主人公			登場人物		
	女性	男性	その他	女性	男性	その他
中学１年生用	20（55.6）	16（44.4）	1	41（43.6）	53（56.4）	8
高校１年生用	5（41.7）	7（58.3）	5	39（37.9）	64（62.1）	46
高校２，３年生用	10（20.4）	39（79.6）	8	99（30.7）	223（69.3）	274
計	35（36.1）	62（63.9）	14	179（34.5）	340（65.5）	328

「その他」には，性別不明の人間及びロボットや動物などが含まれる。
（　）は女性対男性の割合

表2－2　英語教科書における物語文中の主人公の肩書き＊2

中学１年生用	女性	student (20)
	男性	student (14), mountaineer, reporter
高校１年生用	女性	maid, traveler, actress, unspecified (2)
	男性	English teacher, artist, engineer (2), writer, basketball player, name only
高校２，３年生用	女性	writer (2), reporter, lecturer, ballet dancer, mother, unspecified (Helen Keller), name only (3)
	男性	student (3), English teacher, scientist, priest, clerk in a big office, storyteller, sherpa, traveler (2), physician, doctor (2), clerk in a super market, writer, office worker, cartoonist, colonel, detective, painter, professor, inventor, tuxedos deliverer, shogun, name only (6), unspecified (8)

（　）は登場人物

ている。そして、このような教科書によって、女性よりも男性のほうが物語の中心であり、さらに、将来の選択肢も多いということが生徒に伝わっていると考えられる。

教室の中の生徒と先生
――先生の注意は男の子に向けられることが多い

指導要領にも時間割にもはっきりと示されていないが、学校というところで、生徒たちに伝わるジェンダーのメッセージ。教室の中の生徒と教師のやりとりも、生徒の性別によって異なっていることが報告されている。たとえば、ある中学校の授業の様子を観察したところ、教科書の音読や簡単な質問では女子と男子を交互に指名するような教師も、指名場面以外では、男子への応答数は女子より約6倍も多かったという。[*3] また、小学校でも教師―児童の相互作用の量が、女子よりも男子のほうが多いことが明らかになっている。[*4] このように、教室内での教師の注意は男子に向けられることが多い。これは、男子のほうが、間違った答えをしたり、授業中に他の生徒の発言に割り込んだりすることが多いためであると考えられる。このような男子生徒はクラスの中でも一部だろうが、しかし、教師の注意は男子に向けられることが多くなり、女子生徒は自分たちは先生にあまり注目してもらえない存在であると感じ取るようになるのではないだろうか。一方、男子は、自分たちが授業の中心であること、教師の関心は自分たちに向けられていることを知るのであろう。

また、外国での報告であるが、女子は、外見や宿題がきれいにできているといったことで教師にほめられることが多いが、男子は知的なところでほめられることが多いという。[*5] こうして、知的であることは男子にとって重要なものであり、女子は知性よりも外見が重要であるというメッセージを受け取ることになるのだろう。

ほかにも、学校では、上靴のラインの色、ランドセルの色、朝礼のときの並び方、教室の席順、体育の授業、制服などで女子と男子を区別していることが多い。また、テストの結果も男女別の平均値で発表されることもあるだろう。こうした女子と男子とを分けているものの多くは、必ずしも分けることに意味のないものである。たとえば、なぜ上靴のラインの色を性別で分ける必要があるのかを説明することは難しいだろう。しかし、このような女性と男性の区別によって「女と男は違う」「女と男は区別するもの」というメッセージが、生徒たちに伝わっていると考えられる。

ジェンダー・フリー教育
――ジェンダーによるゆがみをなくす試み

ジェンダーのメッセージはけっして悪いものではない。多くのものは、今のあなたが住んでいる社会のルールのようなものだから、その社会の中でうまく生きていくためにはある程度は必要なものなのだろう。しかし、女だからこれをしなさい、男はこんなことをしてはいけない、といったルールを守ることによって、もしあなたの人生が窮屈なものになるなら……。そして、自分の好みや能力がまだ自分でも理解できていない幼い子どもたちに、教育という名のもとにジェンダーのメッセージを送り、子どもの将来を狭いものにするのなら、それは変えていかねばならないことではないだろうか。

女らしさや男らしさ、女性の役割や男性の役割を伝えるような教育を変えようという試みもなされている。そのためには、まず女らしさ／男らしさ、性別役割分担などを伝える情報に敏感になることが必要だ。ジェンダーの情報に敏感になることをジェンダー・センシティブという。

そして、それをもとにしてジェンダーにとらわれないような子どもたちを育てるための教育をめざそうというのが、ジェンダー・フリー教育である。ジェンダー・フリー教育の試みはさまざまな形でなされている。たとえば、最初にあげた男女混合名簿もそのひとつだし、もっと積極的に、学校の中でジェンダーについて学ぶ授業をするという試みもなされている（こうした取り組みについては参考図書を参照してほしい）。もちろん、そのためには教師や保護者自身もジェンダーに敏感になることが必要であり、大人を対象にしたジェンダー・フリー教育も大切になるだろう。

読者のための参考図書

『学校文化とジェンダー』木村涼子　勁草書房　一九九九

学校における隠れたカリキュラムについてだけでなく、少女小説や漫画の影響についても説明されている。

『男の子は泣かない――学校でつくられる男らしさとジェンダー差別解消プログラム』S．アスキュー&C．ロス　堀内かおる(訳)　金子書房　一九九七

イギリスの男子校で見られる男子への性差別とその解消をめざしたプログラム実践が紹介されている。

『ジェンダー・センシティブからジェンダー・フリーへ――ジェンダーに敏感な体験学習報告集』ジェンダーに敏感な学習を考える会　一九九九年度東京女性財団助成事業

ジェンダー・フリー教育の実践報告集。具体的な教材やプログラムの進め方を見ることができる。

『学校をジェンダー・フリーに』亀田温子・舘かおる(編)　明石書店　二〇〇〇

ジェンダーの視点から学校を分析した本。学校の中にジェンダーがいかに取り込まれているかをいろいろな側面から検討し、また、そこから抜け出す方法を探ったもの。

学生体験談4

火曜日の憂鬱

「ああ、また火曜日がきてしもた」と、中学生だった僕は毎週火曜日になると憂鬱になるのであった。「なんでこんな時間があるんやろ」「どうして男だけがこんなことせなあかんのやろ」……火曜日が近づくにつれ、そんな疑問の数々が僕の頭にわいてきて憂鬱になるのであった。

原因は、はっきりしていた。「技術」の時間が火曜日にあったからである。「技術」の時間というのはどのようなことをするかというと、まず男子ばかりが教室に集められる（女子はその間「家庭科」をすることになっていた）。そして毎週課題があって、図面に書かれた寸法通りの物（たとえば机や椅子など）を工作機械を使って作るのである。鋸《のこぎり》を使ったり、やすりを使ったり、時には大型の切断機を使ったりして目的の物を作りあげるという作業をする。しかし、僕は元来が不器用なうえに、図面というものが嫌いでなんともなじめなかった。「図面というのは味気ないなあ。絵みたいに色があったりしたら楽しいかもしれへんのに。図面さえなんとかなったらなあ……」などと思ったこともあった。でも図面の書き方が決められているのには理由があることも、おいおいわかった。なぜなら同じ基準で図面を書かないと、他の人が同じように作れないから。図面が変えられないとなるともうお手上げである。なんとかあきらめてがんばるしかないと一時は覚悟を決めたものの、やはりうまくはいかなかった。結局、成績はいつも最低。今でも工作は苦手である。鋸や鑿《のみ》などはできるなら二度と持ちたくもないほど嫌いである。

しかし、たまに男子と女子の入れ替えがある。つまり今まで「技術」だった時間が「家庭科」になることが何時間かあった。男子も裁縫や料理も少しは知っておくべきだ、という配慮であろうか。このささやかな文部省（現在の文部科学省）の配慮はありがたかった。僕は「技術」が嫌いな代わりに、「家庭科」でやるようなことは得意であった。特に料理を作るのは楽しかった。色とりどりの野菜や調味料から、その組み合わせや料理法で違った色と味をもった食べ物ができる。なんと不思議なものなんだと感動しながら料理をしたものである。もちろんできあがった物を食べるのを楽しみにしながら。「こんなことなら女子に産まれればよかったのに。お母さんなんで女の子に産んでくれへんだん」と真剣に考えたこともあった。

こんなことは僕にはしょっちゅうあって、つくづく女に産まれたかったと思うことが今でも時どきある。でもそれは生まれ変わりでしか解決できない問題なのだろうか。僕の場合は異性に生まれ変わらなくても充分解決できた問題だし、解決できていれば〝火曜日の憂鬱〟などなかったはずなのに。

考えてみてください。あなたの〝火曜日の憂鬱〟は何ですか?

（岩井茂樹）

学生体験談5

ピンクと青

私の通っていた小学校は、一見ジェンダーに縛られていない自由な校風のように見えていた。遊びにしても、女の子がゴム飛びで、男の子が野球と決まっていたわけではない。普段は女の子も男の子も一緒に、野球をしたり、ゴム飛びをしたりしていた。ところが、小学校五年生の家庭科の授業のときだった。何を作ったかはもう忘れてしまったが、とにかく裁縫の授業で使う布地を選ぶことがあった。もちろん自由選択である。選択肢は青かピンクの2種類のみ。当時の私は（今でもそうだが）青色が大好きだった。すかさず青色に丸をして用紙を提出し、初めての裁縫の授業をわくわくしながら待っていた。ようやく布地と裁縫セットが手元に届けられた。ふと見ると、クラス中の女の子は私を除いて全員「ピンク」、男の子は全員「青」を選択していたのである。女の子で青は私一人。それ以後「やーい、おまえは男か」とクラス中でネタにされ、からかわれてしまった。私は悔しくて、「だって青色が好きやもん」とやり返していた記憶が、今でも鮮明に残っている。当時の私にとっては屈辱的な思い出だ。

今からふり返ってみたらわかってきた。これこそがジェンダーの刷り込みなのである。女の子はピンク、男の子は青という指定があったわけでもなんでもない。それなのにどうして、こんなに綺麗に分かれてしまったのであろうか。誰が女の子はピンク、男の子は青と決めたのだろうか。先生に指定されたわけでもない。だけど自然にそう色分けしてしまう。もしかしたら、家に帰って両親がこの色にしなさいと言っていたのかもしれない。青色の好きな女の子やピンク色の好きな男の子だってたくさんいたかもしれない。それにもかかわらず、生まれてから女の子はこう、男の子はこうと知らず知らずのうちに育てられ、頭の中に刷り込まれてしまったのであろう。こうして選択肢を二つ並べると、誰もが疑問ももたずに、女の子がピンク、男の子が青と選んでしまうのである。誰もが自分の選択を疑問視することなく、逆に私がやじられてしまうということは、みんなが「こいつはおかしい」と思った結果にすぎない。

思い返せば、ランドセルも女の子は赤、男の子は黒に決まっていた。小学校入学の御祝いでいただいたものなので、初めの頃はなんの疑問もなく使っていたが、もともと寒色系の色が好きな私にとっては、だんだん赤色が苦痛になってきた。だから五年生頃からは、ランドセルを使わずに、手提げ袋で通学したりしていた。そしてぼんやり感じていたそんな私の違和感がはっきり自覚されることになったのが、あの家庭科の授業だったのである。

（小川順子）

学生体験談6

女は「調理」で
男は「腕っぷし」？

小学校こそ近所の公立共学校で過ごしたが、中学から大学までは女子校に通った。「女の園」というと何やら優雅なイメージをお持ちになる方もあろうが、そこにはあたりまえだが女しかいない。だからあらゆる作業を女手ひとつ（いや、力仕事の場合は五つになったり六つになったりもするんだが）でしなけりゃならない。もっとも小学校時代は女子も男子も区別なく、掃除となれば机を抱えあげるのもバケツで水汲みに行くのも一緒だったし、家庭科の授業では並んでミシンを踏んだり目玉焼きを焼いたりしていたものだから、中学生になって文化祭でトンテンカンテン大工まがいの作業をするのも、体育祭の騎馬戦で火花を散らすのも（そして毎年、ケガ人が出るのも）、そんなものだと思って過ごしてきた。ただ、そこに男子生徒がいなかっただけである。

そんな私も大学生になり、某国立大学（共学である）に進学した友人に誘われ、そこの大学祭に行ってみた。ひさびさに目にする同世代の男性群にいささか圧倒されつつも、友人のサークルが開いている模擬店に行ってみた。学祭は始まったばかりで、そこもようやくセッティングを終え、たこ焼きづくりにかかろうとしているところであった。

しばらく様子をながめていたが、そのうちなんだか「あれっ？　私が知ってるやり方と違うなぁ」と思い始めた。気がつくとガスのボンベを運んだり、机を並べたり、テントを立てたりしているのは男子学生だけ。それが終わると女子学生がわらわらと現れて、卵を割ったり粉を溶いたり。そして、いざ開店！　となると、作るのと売るのはもっぱら女子学生。男子学生は「やることはやったぜ」とばかりに、汗をかきかきたこ焼きを焼く女子学生をしり目に、日蔭《ひかげ》に座って涼みながら、ぼーっと売れ行きをながめている。試しに他の店に目をやってみる。やっぱりそこでも同じように、「女の仕事」と「男の仕事」はなぜだかきっちり役割分担されていた。

なんで一緒に作業をしないんだろう？　女子校で私たちは女の子だけで机を運び、椅子をかつぎあげ、その一方でクッキーを焼いたりなんかもしていたのに、知らないうちに世間では、役割分担がお約束になってしまっていたのだった。ただのたこ焼き屋といえばそれまでだけれど、それでも私に、それは大きな衝撃だった。

たしかに一般には女性のほうが調理に慣れている人が多いだろうし、男性のほうが力があるだろう。でも、だからってあんなにはっきり役割を分ける必要があるんだろうか？　どの作業も、けっして一緒にできないものじゃない。むしろ一緒にやったほうが作業時間も短くなるはずだし、女性と男性が一緒に作業する楽しさが味わえるってことが、女子大にはない共学の醍醐《だいご》味《み》のはず。いつのまにかできあがってしまっていた「女の仕事」と「男の仕事」の区別。でもそれっていったい、わざわざ分ける意味があるの？　と首を傾げざるを得なかった、それは忘れられない初夏の一日だった。

（土井晶子）

第三章　恋愛がもつ意味と力

恋愛とは不思議なもの

恋愛とはなんだろう。あなたは、そんなことを考えたことがあるだろうか。もしかすれば、これまでにも恋愛で悩んだり、友だちの恋愛について相談にのったりしたことはあったかもしれない。しかし、それは好きになった相手とのことについての悩みではあっても、恋愛とは何かについての悩みではなかったのではないだろうか。たとえば、相手とうまくいかなくなった、どうしよう、このまま続けていこうか、それとも別れたほうがいいのか、といった悩みは日頃からよく耳にする。ところが、そもそも「恋愛」とは？　誰かを「好き」になるとは？　「うまくいかなくなる」とは？　相手と関係を「続ける」とは？　「別れる」とは？　といったことについて考えた人は、はたしてどれくらいいるだろうか。なぜこんなことをわざわざ問題にするのかといえば、じつはここに恋愛の特徴がはっきりと現れているからだ。つまり、人は恋愛とは何かを知らなくても、恋愛をしている気分にひたれるということだ。

これは考えてみれば、とても不思議なことだ。ためしに、誰かが「私、今つきあってるの」と言ったときに、「『つきあう』って何？」と聞いてみよう。その質問にすぐに答えられる人は、まずいないはずだ。それにもかかわらず、その人は誰かと「つきあっている」と思っているのだから、わけがわからなくなる。世の中には、このように、いつも使っているので、それをいつ、どこで、誰から、どのように教えられたのかも思い出せないのに、なんとなくその意味を知っている気になって使っている表現がたくさんある。いわゆる紋切り型の表現は、まさにそれに当たる。たとえば「女らしさ・男らしさ」や「本当の幸せ」といった決まり文句も、その例に入るだろう。それが自分にあまり関係のないことであればまだしも、恋愛となると、自分に深くかかわる（あるいは深くかかわる可能性がある）ので、他人事ではすまされない。もしかすれば、意味さえはっきりわからない「恋愛」という言葉で、あなたの女性・男性としての「現実」がつくられて、それで一生が決まってしまうかもしれない。そんなことになれば、いったい誰の人生かわからなくなってしまう。そのためにも、今、ここで、しっかり考えておこう。恋愛について。

恋愛という言葉には歴史がある

まず「恋愛」という言葉から考えてみることにしたい。知らなかった人は意外に思うかもしれないが、そもそも恋愛という言葉は日本になかった。その言葉がなかったのだから、恋愛という行為もなかったと考えてよい。それと同じことは、たとえば「ストーカー」といった言葉についてもいえる。私たちは、その言葉ができるまで、それに当たる人間のことを「気持ち悪い人」と思っていたかもしれないが、「ストーカー」として見ていたわけではない。つまり、ストーカーは「ストーカー」という言葉と同時に生まれたのであって、その言葉より先に存在していたわけではない。それと同じように、たとえ恋愛に似た行為があっても、それを「恋愛」という言葉でとらえられなければ、恋愛は恋愛として存在していないことになる。言い換えれば、恋愛は大昔からあって、多くの人たちが経験してきたものだという考え方は、日本についていえば誤解なのだ。

恋愛という言葉が日本に入ってきたプロセスについては、柳父章の『翻訳語成立事情』(岩波新書)の「恋愛」の項に詳しく書かれているので、ぜひ読んでもらいたい。それによると、初めて「恋愛」が翻訳語として使われたのは、中村正直訳の『西国立志編』(一八七一年)らしく、日本語の辞書で「恋愛」を最初に使ったのは、『仏和辞林』(一八八七年)らしい。一八九〇年以降になると、巌本善治や北村透谷といった人たちが中心になって、日本でも恋愛論がさかんになり、恋愛という言葉が広まるにつれて、恋愛そのものも流行するようになった。もちろん、その頃の恋愛の意味は、それ以前に使われていた色や恋とも違っていたし、現在の恋愛よりも、もっと高貴なものと思われていた。そのあたりのことは、佐伯順子の『「色」と「愛」の比較文化史』(岩波書店)や菅野聡美の『消費される恋愛論』(青弓社)を読めば、さらに理解が深まるだろう。

ただしここで大切なのは、その頃の恋愛の定義ではなくて、今私たちがあたりまえのように使っている恋愛という言葉が、明治以後(一八六八年〜)の西洋からの輸入品、つまり日本の近代とよばれている時代の産物だったという事実だ。言い換えれば、日本人が恋愛という言葉を知ってから、まだ百年あまりしか経っていないことになる。今の日本でよく見かける恋愛も、この百年あまりの時間の流れの中で、それを枠組みとして、そこから派生してきたものだ。つまり日本における恋愛は、たとえどれほど自然なものに見えても、あくまでひとつの社会のシステム（制度）として、しかも明治になってから「つくられたもの」にすぎない。恋愛について、そして恋愛をしている（と信じている）人たちについて考えるためには、まずこのことを覚えておかなければならない。

あなたは恋愛病かもしれない

今説明した通り、恋愛は自然なものではなくて、ひとつの制度にすぎない。しかしこれには反論が予想される。誰にでも、誰かを好きになる瞬間はあるはずだと。たしかにその通り。その「好き！」という感覚は、自然なものだったのかもしれない。しかし、もしあなたがそのとき「あの人、誰か好きな人がいるのかな？」などと思ったとすれば、あなたはもう充分に恋愛の制度のとりこになっている。ただし今の日本には、たとえば「つきあいたい」といった恋愛の欲望さえ、人間に最初から備わっていた本能だと思い込んでいる人たちがたくさんいる。彼らは、そこまで恋愛の制度にとらわれているのだ。

特に最近は、恋愛のイメージがマスメディアを通して広まっているので、小さい子どもでさえ「わたしのカレは○×ちゃん」と口にしている。ましてや中学生から高校生くらいになれば、「彼氏」

や「彼女」がいても、それこそ自然なことだと思われている。（しかし、そもそも「彼氏」や「彼女」とは、いったいなんのことだろう?）この刷り込みは、大学生や社会人になってもけっして消えない。それどころか、恋愛の制度は、たとえば「誰かいい人はいないの?」と娘に語りかける親の声を通して、あるいは「そろそろ彼女でも見つけて落ち着いたらどう?」と部下に語りかける上司の声を通して、そしてまた「つきあってくれない?」と相手に語りかける男女の声を通して、私たちの身体に毎日のように浸透し続けている。特に今の日本では、男女ともに、とにかく相手を見つけなければと焦っている人たちの姿が目につく。彼らは、恋愛そのものにとりつかれるほど、ひどい恋愛病にかかっている。中には、いつも恋愛をしていなければ生きている気がしない、といった人たちまでいる。いわゆる恋愛依存症の人たちだ。

こうした事態には、二種類の問題が含まれている。一種類は、恋愛が西洋からの輸入品で、制度のひとつにすぎないのに、こんなに多くの人たちが知らないうちに恋愛病にかかっていることだ。もう一種類は、たとえ恋愛が西洋からの輸入品で、制度のひとつだとしても、なぜこんなに多くの人たちが恋愛病にかからなければならないのかということだ。つまり、数えきれないほどの人たちが、西洋から伝わってきた熱病にかかっていることも問題だが、その人たちが、そんな病気にかからなければ生きている楽しさを感じられないことも問題だ。言い換えれば、第一の問題は、彼らが恋愛のマニュアルにはまって、自分なりの性のあり方を選び取る機会を逃しているところにある。第二の問題は、彼らが恋愛のほかに夢中になれるものもなく、毎日、ヒマをもてあますほど退屈しているところにある。

それではここで、あなた自身が恋愛病にかかっていないかどうかを調べてみよう。それには、あなたが自分の恋愛であれ他人の恋愛であれ、とにかく恋愛について語るときの言葉づかいを点検してみるのが一番だ。たとえば、あなたが誰かに「どんな人がタイプ？」と聞いて、その人が「やさしい人」と答えたとしよう。このやりとりの何が問題なのかわかっただろうか。その通り、表現がパターン化して、ものの見方までがパターン化していることだ。少し考えてみればわかる通り、世の中には、誰ひとり、なんらかのタイプで説明しきれる人などいない。たとえ「やさしい人」がいるとしても、その「やさしさ」の中身がはっきりしなければ、「やさしい人」という表現はたんなるラベルにすぎなくなる。そもそも、これから恋愛の相手を選ぼうとしているときに、「タイプ」や「やさしさ」といった型にはまった言葉を頼りにして、はたして自分にとってかけがえのない相手を選べるのだろうか。そんな例は、ほかにもいくらでもあって、たとえば「ハンサム」「リッチ」「おしゃれ」「かわいい」「すなお」と数えあげたら切りがない。こんな言葉を使って相手を選んでいれば、あとになってラベルがはがれて、いろいろとトラブルに見舞われてもしかたがない。

今見た通り、恋愛で使われる言葉は、とてもパターン化しやすい。これには困った点がある。それはつまり、型にはまった言葉で恋愛をしていると、相手をとらえる見方ばかりでなく、相手との関係もパターン化してくることだ。ところが、恋愛に夢中になっていると、そんなことも見えなくなる。それこそが、恋愛の制度にはまっている人間、つまり恋愛病にかかっている人間の徴候だ。そんな徴候を見せている人たちは、ほかにもいくらでもいる。たとえば、「あなたは私のもの」と宣言している人は、相手を「物」として所有できると思い込んでいる恋愛病の患者だし、「この関係って『遊び』？　『本気』？」と相手を問いつめている人は、「本当の恋愛」があると信じ込んでいる恋愛病の患者だ。

この人たちの問題は、彼らが恋愛について語れば語るほど、その言葉も、相手との関係もこわばっていくことだ。それを防ぐには、パターン化された表現をあなたの言葉で語り直していくしかない。たとえば、なぜ「あなたは私のもの」なのか？　あるいは「本当の恋愛」なんてあるのか？ただし、いくら語り直したところで、おそらくあなたには、すべてを語り尽くすことはできないだろう。それでもなお、あなたが相手とのことを語り直し続けていけば、あなたの言葉は、パターン化された言葉の組み合わせから微妙にズレていくはずだ。恋愛で大切なのは、たくさんの人たちが思っているように、相手と「ひとつになる」ことではなくて、そうした「ズレ」を利用して、相手との関係をリフレッシュしていくことなのだ。

恋愛が商品になっている

今の日本では、恋愛は自由だということになっている。たしかに「自由恋愛」という表現は、誰と誰が好きになってもかまわないという意味で使われている。しかし誰もが自分の意志で、自分の好きな人を選んで、自分なりの方法で、つまり「自由」に恋愛を楽しんでいるのかといえば、それは疑わしい。そのひとつの理由は、先ほど指摘した通り、日本ではパターン化した表現で、パターン化した恋愛をしているのに、それを「本当の恋愛」と思い込んでいる人たちが、あとをたたないからだ。たとえばある人が、自分の意志で、自分の好きな人を選んだと思っていても、その相手が結局のところ、「ハンサム」で「リッチ」な男性だったり、「すなお」で「かわいい」女性だったりすることはよくある話だ。あるいはまた、相手を選ぶときに、「友だちに見せても恥ずかしくない」とか「誰にでも自慢できる」といった基準をつくっている男女もいる。これもまた一種のパターン化した表現の悪影響のひとつだが、こうなると、もはや相手は人間ではなくなって、なんらかの見せ物みたいになってくる。それで本人は自分の「レベル」が上がった気になっているのかもしれないが、その人の恋愛は、プライドを満たす手段ではあっても、けっして自由とよべるものではない。

それに関連してもうひとつ、今の日本には、恋愛は自由だと言い切れない条件がある。それは恋愛が商品になっていることだ。たとえば出会い系サイトは、恋愛のチャンスをゲーム感覚で商品にしたものだし、人気のある歌手たちのCDは、そのほとんどが、恋愛を歌にして商品にしたものだ(森永卓郎の『〈非婚〉のすすめ』によれば、恋愛の歌の比率は、明治時代には7%にすぎなかったのに、一九九〇年代では97%にのぼっている)。しかし、もっと世の中に広まっているのに、逆に見過ごされているのは、恋愛が商品とは見えないほどに商品化されているケースだろう。

たとえば、クリスマスの夜、あるカップルが映画を観て、レストランで食事をし、プレゼントを交換して、ホテルに泊まって、楽しいひとときを過ごしている。次の朝のチェックアウト・タイム、会計のカウンター前には、仲の良さそうなカップルが、長い列をつくって並んでいる。数年前までは、よく見かけた光景だ。それにしても、彼らをここまで同じように動かしているものは、いったいなんだろうか。それは本当に彼らの意志だろうか。しかしもし彼らを動かしているものが、彼らの意志に見えて、たとえば「クリスマスはシティホテルで！」というキャッチコピーだったとすれば……。世の中のカップルは、マスコミが宣伝した恋愛のイメージにあおられて、ホテル業界が用意した一泊二日のクリスマス・プランを購入し、それを恋愛として消費していたにすぎなくなる。つまり彼らの恋愛は、商品とは無関係に見えて、じつは商品そのものに姿を変えながら、さらに恋愛のイメージをふくらませていたことになる。

ここからわかるとおり、今の日本では、恋人たちの欲望は、恋愛のイメージを商品として提供する資本主義のシステムの中で、生産されては消費され、消費されては生産されていく。もし恋人たちに「自由」があるとしても、それはせいぜい、商品（たとえば、映画、レストラン、プレゼント、ホテル）を選ぶくらいのことだ。しかし本人たちの目には、商品を選ぶことも、そして選ばれた商品も、彼らの恋愛を表現しているように見える。つまり二十一世紀の日本では、恋愛はますます、商品の流通を通して、あるいは商品そのものとして、目に見える「形」を取り続けている。

今恋愛をしている人も、これから恋愛をしようとしている人も、この恋愛の商品化から逃れることはできないだろう。たとえば、ファッション、ヘアー、コスメ、アクセサリー、クルマ、ケータイ……これらはどれもこれも、多くの人たちにとって、恋愛に「形」を与えてくれる貴重な商品だ。中には好きになった相手の好みに応じて、ファッションやヘアースタイルを変えたり、ブランド品を身につけたり、服や小物を含めて、すっかりイメージチェンジをする者までいる。あるいはまた、ペアルックやペアウォッチを楽しんでいるカップルも多い。こういったことが起こるのは、おそらく、相手の商品（それも身につける商品）のモードにあわせることで、相手と「ひとつ」になるという幻想を現実としてはっきり確認できるからだろう。ここでもまた、恋愛は明らかに商品に姿を変えている。

さらに世の中には、相手を選ぶときに、実際の商品ばかりでなく、容姿、身長、年齢、学歴、仕事、会社、給与といったものまで、ある種の商品として見ている人たちもたくさんいる（結婚になれば、これに家族構成や家柄といった要素も加わったりする）。彼らは、これらの点をチェックして、相手を文字通り「品定め」しているわけだ。しかも売れ筋に客が集まるように、ある特定の人たちは「もてる人たち」としてブランド化され、そのまわりにはライバルが集まる。それとともに、その背後に「もてない人たち」のグループが立ち現れる。恋愛の世界にも、商品の世界のように、売り手と買い手の取り引きを支配するルール（市場原理）のようなものがはたらいている。そのため女も男も、自由恋愛どころか、今の流行（たとえば「イケメン」）に引きずられて、ますます型にはまった恋愛しかできなくなっている。しかし、今ここでそれを確認したのだから、これからは恋愛の商品化にとらわれないで、自由に恋愛をする方法（あなたならではの恋愛をする方法）を考えるのも良し、恋愛という形式にこだわらないのも良しだ。あなたの性は、誰のものでもなく、あなた自身のものなのだから。

恋愛は男女平等ではない

世の中でいわれているのとは裏腹に、この世には完全な平等などというものはない。あえていえば、この世で求められているのは「機会の平等」だ。言い換えれば、生まれや育ちが違うからといって、それを根拠にして、何かをするための機会を誰からも奪ってはいけないということだ。恋愛でも、完全な平等などあるはずがない。それは何も、女性と男性は生まれたときから違っているとか、女性が男性より強いカップルもあれば、その逆のカップルもあるといったことではない。あとで説明する通り、そんな固定した見方そのものが、今の社会では問題なのだ。

固定した見方といえば、恋愛は男女がするものと思っている人がいる。しかし、女性同士でも男性同士でも恋愛はする。英語では、女性同士のケースを「レズビアン」、男性同士のケースを「ゲイ」とよんで区分している。日本では「ホモ」という言葉をよく耳にするが、それは英語の「ホモセクシュアル」の省略形で、もともとは女性同士のケースも、男性同士のケースも含んだ「同性愛者」の総称だ。それ以外にも「バイセクシュアル」という言葉があって、これは男女どちらでも恋愛の対象にできる人たちのことだ。それでは男女のケース、つまり異性愛はどうよばれているのだろうか。そんなことは考えもしなかったという人たちもいるかもしれない。しかし、それにもそれなりの名称はある。そう、「ヘテロセクシュアル」、略して「ヘテロ」（異性愛と同性愛については、第九章参照）。

ここでは異性愛に話を限定して、恋愛が男女平等ではないことを問題にしてみたい。そのためにはまず、日本では明治以降、恋愛と結婚とセックスの三つが強く結びついてきたことを確認しておく必要がある。つまり恋愛のゴールは結婚であり、結婚をすればセックスもOKといった考え方は、明治以降に生まれたものだ。しかし今の日本では、この「恋愛―結婚―セックス」の公式（専門用語では「ロマンティックラブ・イデオロギー」とよばれている公式）は、ほとんど崩れている。たとえば、結婚を前提としていない恋愛も、恋愛でのセックスも、今ではごくありふれた現象になっているからだ。旧厚生省が一九九九年に実施した「性行動調査」によれば、18歳から24歳の年齢層でセックスを経験している人は、女性の64・4％、男性では67・1％で、しかも「そのほとんどが結婚を前提としていない相手との関係」[*1]だった。おそらく今なら、この傾向はもっと強まっているだろう。

ただし「恋愛―結婚―セックス」の公式は、完全に消えたわけではない。たとえば親の中には、娘に対して「結婚するまでセックスはだめ！」と忠告して、明治以降の性道徳をもとに「正しい恋愛」を説いている者もいる。この公式は今でも、その程度には影響力をもっている。しかしここで注意しておきたいのは、その公式に基づいた性道徳が正しいかどうかではなくて、それがたいてい男性より女性に強く禁欲を求めていることだ。たとえば最近のNHKの調査によれば、50〜60代の男性で、結婚前のセックスを「男性がする場合：女性がする場合」それぞれについて、「かまわない・どちらかといえばかまわない」と回答した人の割合を比べてみると、高学歴群では「61・6%：45・3%」、非高学歴群では「53・0%：37・4%」になっている。[*2] つまり、この世代の男性は、学歴とは関係なく、結婚前のセックスについて、男性には甘く女性には厳しい見方をしている（このように、同じ行動について、その人の属性、たとえば性別に基づいて、異なる評価をすることを「ダブル・スタンダード」とよんでいる）。

たしかに親が娘に対して「結婚するまでセックスはだめ！」と忠告している姿は見かけても、親が息子に対して同じことを言っている姿はあまり見かけない。たとえそんな親がいても、その忠告は息子に対してではなく、たいてい相手の独身の女性に対する配慮から発せられたものだろう（しかもこの独身の女性への「配慮」も、親の個人的なレベルでの親切心の現れに見えて、じつは歴史の流れの中で社会的に「つくられたもの」である可能性が高い）。そのほかにも、「からだを許す」や「傷ものにする」といった表現も残っていて、しかも女性だけを対象にして使われている。今の日本は男女平等とはいっても、恋愛にまつわる性の問題になると、まだ明らかに女性への見方が厳しくなる。だからといって、女性も男性も勝手気ままにセックスをすれば、それで問題が解決するというわけではない。なぜなら問題の根底には、男女の性を同じレベルで語ることのできない社会が、まだ存続しているからだ。

これは何も、頭のかたい年輩の人たちだけのせいではない。あたりを少し見回しただけでも、恋愛が男女平等になっていないケースは、いくらでも見つかる。たとえばデートで「おごる」のは、今でも女性より男性だし、車を運転するのはたいてい男性で、助手席に座るのは女性、そして指輪を贈るのもたいてい男性で、贈られるのは女性だ。相手に「おごる」のは、経済力に基づいた主従関係の確認になるし、男性が女性を車に乗せるのは、男性が女性を「リードする」役回りを演じている証拠になる。そして指輪のプレゼントは、恋愛と結婚をつなぐシンボルにほかならない。他方、手編みのセーターを贈ったり、手料理（これも紋切り型の表現）をつくったりするのは、男性より女性だ。これは明らかに、女性の「女らしさ」を強調して、女性を恋愛から結婚へ、そして結婚から家庭へと導くための予行演習（シミュレーション）になっている。ここからもわかる通り、恋愛をしている男女は、どれほど平等に見えても、ジェンダーによる固定した役割分担に多かれ少なかれ支配されている。

たしかに、今の日本では、結婚する人たちの90％以上が恋愛結婚なので、恋愛が男女平等に見える時代になった（オーエムエムジーの一九九九年の「結婚意識調査」では、20代で「見合い結婚」をした人たちは、1％にすぎない）。しかし恋愛と結婚が結びついたのは明治以降、そして恋愛結婚が結婚の主流となったのは一九六〇年代以降のことにすぎない。つまり恋愛結婚を支えている「恋愛―結婚―幸福」の公式は、せいぜい四十年そこそこの歴史しかない。それなのに、この公式は早くも女性の側から破綻し始めている。その最大の理由は、おそらく、たとえ女性が恋愛して結婚しても、家事、育児、介護に追われて、夢に思い描いていたほどの幸福を得にくいからだろう。あらためて「恋愛―結婚―幸福」の公式から生まれた男女の固定した役割分担の流れを見直さないかぎり、人間の性を、そして人間そのものを自由にしてくれる恋愛は実現しそうにない。

読者のための参考図書

『AERA Mook　恋愛学がわかる』朝日新聞社　一九九九

恋愛について、いくつもの視点（文学、記号論、思想、社会学、風俗学、歴史社会学、法学、文化人類学、心理学、宗教学、造園学、情緒工学）からアプローチする方法がわかるし、「恋愛学五十冊」も紹介されていて便利。

『誰にでもできる恋愛』村上龍　幻冬舎　二〇〇一

「誰にでもできる恋愛」なんてない、恋愛に頼らなくてもすむ充実した人生を選べ、と叱咤激励してくれる本。甘ったれた精神を鍛え直して自立すること、その大切さを教えてくれる一冊。

『悪の恋愛術』福田和也　講談社　二〇〇一

恋愛にまつわる幻想を捨て、恋愛の本質をしっかり見極めて、恋愛から「人生最大の果実」を手に入れる方法を教えてくれる一冊。

コラム1

自分探しの西洋型恋愛のきざし？

教師でつくる性教育研究会が二〇〇二年一月に行った高校生の性行動調査によると、「性交を経験ずみ」と答えた東京都内の高三女子の割合は45・6%であった。この結果は、男子が三年前の前回とほぼ同じ37・3%なのに女子だけが6・6%の急上昇であることを示した。

この現象について、フェミニストを含めた識者らは、「女は若くてこそ意味があり、性的対象とされる」という男性がつくった性の文化の影響が見られ、そのため彼女らは「セックスの対象にならないことは悲惨なこと」と思ってしまい、「早くしないと遅れる」というメディアのあおりを受けている。そしてこの「セクシーであれ」という風潮に乗っていく彼女らは、女子に有利な推薦枠の増加による大学受験制度の変化により、一層の開放感も加わって、このような男女の開きを生じさせていると指摘している。以上の論評にはうなずかされるが、むしろこうした現象の奥に、わが国の今どきの若い女性の間に、何であれ、経験に対するオープンで積極的な、ある種のエネルギーが感じられ、こうした自発的恋愛の促進は女性によって開かれていくきざしとも受け取れる。つまりこの現象のもう一つの側面には、「自分探し」あるいは西洋型の「アイデンティティ」を求めての行動化が現われているようだ。

西洋型の人間形成については、人格的成熟には愛の能力の発達が不可欠なものとして、「個」と「関係性」のバランスの上に発達するアイデンティティ論が基本をなしている。若者は、青年期で幼児的な自己愛性を脱して、アイデンティティを確立し、他者のアイデンティティと融合させることに熱心になる。アメリカの高校、大学におけるさかんな性体験をともなうキャンパス恋愛がアイデンティティ達成過程の現象として是認されている。西洋型の恋愛は傷つくことがあっても、精力的に心身を投入し、アイデンティティを確立し、それが安住できる他者のアイデンティティを見いだし、同時に他者のそれをも保証したい欲求を生じさせる。そして当事者間のかけがえのない関係性を築くことにある。

今、日本で、多くの若者たちに読まれているという、恋愛を軸に青年期の人間形成を知ることができる小説がある。それは若い男女が愛をはぐくみ、大人になる軌跡をそれぞれ当事者の男性、女性の視点で描かれたユニークなものである。辻仁成著『冷静と情熱のあいだ・Blu』、江国香織著『冷静と情熱のあいだ・Rosso』である。

主人公の順正、アオイは二人とも帰国生。順正はニューヨークで、アオイはミラノで育つ。大学入学のために日本に帰国した二人は、大学で出会い、恋に落ちる。大学四年の終わり頃、アオイが妊娠。このとき彼らは、いまだ自己愛的心性の抜けない、未熟なアイデンティティにより、自己表現も稚拙で、また順正の父親という強大で、ステレオタイプの外圧にも耐えきれず、アオイの中絶により、恋は破綻した。

その後、アオイはミラノにもどり、お金持ちのマーヴというアメリカ人の好青年と同棲し、情熱的で、満ち足りた豪華な生活を送る。順正はフィレンツェで美術品の修復の勉強に行き、修復士として働く。彼もハーフの芽美という女性と交際し、情熱を交わしあう。こうした時の流れにもかかわらず、二〇〇〇年のアオイの誕生日にフィレンツエのドウオモの上で会おうと8年前にした約束が、二人の心の奥にしまわれている。そして二人は再会する。彼らは互いの現実を超えて、はぐくんできた愛を「過去にはさせない」とアオイを追っていく順正により、彼らの恋愛の成就と成熟した男女の未来を暗示して小説は終わる。

この小説の中では、「結婚」という言葉はほとんど出てこない。それにしても、このような日本の若者による西洋型の恋愛が描かれるのに、帰国生（彼らは常にアイデンティティの問題に直面する）、ヨーロッパ、外国人の恋人という設定であることは、わが国が若者にとって、いかにジェンダーフリーの自己開放による自分探しが難しい環境かを物語っている。

（丸島令子）

参考図書
『冷静と情熱のあいだ　Blu』辻　仁成　角川書店　二〇〇一
『冷静と情熱のあいだ　Rosso』江国香織　角川書店　二〇〇一

コラム2

紋切り型の表現は暴力になる

社会で流通している紋切り型の表現を使い続けていれば、どれほど困ったことになるのか、それを恋愛について教えてくれる小説がある。篠田節子の『女たちのジハード』[*1]だ。「ジハード」？　「女たちの聖戦」？　その通り、この小説では、保険会社に勤める5人の女性たちが、男性優位の日本社会の中でサバイバルをかけて闘いを挑む姿が描かれている。ここでは最初の物語を通して、社会で流通している紋切り型の表現が、相手にとって一種の暴力になることを確認したい。

その物語のタイトルは「ナイーヴ」。日本語で「ナイーヴ」といえば、「純真で繊細」といった意味だ。しかし英語の「ナイーヴ」は、「未熟で単純」といった意味で、ほめ言葉にならない。この物語で「ナイーヴ」とよばれているのは安藤雅也という男性で、相手は斉藤康子という女性。ここでの「ナイーヴ」の意味は、「素朴で、純粋」（日本語の「ナイーヴ」）に見えて「ただのバカ」（英語の「ナイーヴ」）のこと。それではこれから、雅也の「おバカさん」ぶりを見ていくことにしよう。

ある日、康子は同僚の女性たちと初めて雅也に会う。雅也は「独身の新進シナリオライター」とのこと。しかし彼女たちが見たのは、「汗と脂で顔を光らせた小太りの男」だった。康子の同僚のひとりなどは、彼の肩書きのイメージと現実の落差に驚いて「うっそ、でしょ」と叫んでしまったくらいだ。相手のラベル（ブランド）に夢をふくらませて、彼氏（彼女）を探すのにあくせくしていると、こんなひどい発言で相手を傷つけてしまうかもしれない。しかし女性も女性なら男性も男性だ。それからしばらくして、雅也は康子との最初のデートで、彼女を強引にラブホテルに連れ込む。その前後のシーンから、彼の型にはまった表現のオンパレードが始まる。たとえば、「好きなんだ」「本気なんだ」「遊んでるとでも思ってるの?」。こうして雅也は、康子の意志を無視して、彼女にセックスを強要することになる。

雅也は理想の女性について語るときにも、型にはまった表現を連発する。たとえば「尽くして相手の才能を伸ばしてやろうなんて、考える若い子、特にきれいな子にはいないよ」「そりゃ男なら、若くて可愛い子がいいに決まってるけどさ、結婚するなら思いやりのある人だよね」。そしてラブホテルでの一件から一週間目、雅也はパーティでドレス姿の康子と再会する。「きれいだよ、すごく」とほめる雅也。「派手なのは嫌いだって言ったくせに」と反論する康子。「結婚する前なら、許すよ」と切り返す雅也。康子でなくても、「許すって言い方、ありなの?」。康子が雅也を「ポイ」したのはいうまでもない。これでわかったはずだ。恋愛でパターン化した表現（「男に尽くす女」「若くて可愛い子」「結婚するなら思いやりのある人」「結婚する前なら許す」）を無自覚に使い続けていると、恋愛での考え方や感じ方までパターン化して、相手を傷つけても気がつかない人間になりかねない。紋切り型の表現も鈍感（ナイーヴ）な精神も暴力になる。この暴力に立ち向かって、新しい生き方を切り開きながら、未来をたくましく生きていこうとする女性たちの闘い、それが『女たちのジハード』のひとつのテーマだ。

（難波江和英）

引用文献

＊1　『女たちのジハード』篠田節子　集英社　一九九七

コラム3

古典文学に見る「一夫多妻」の力学

日本の古典文学におけるジェンダー研究は、ここ二十年ほどの間に少しずつ進展を見せてきている。それにつれて、恋愛をめぐる議論もしだいに方向を変えつつある。一言でいえば、さまざまな文学における恋愛観や女性像などを注釈的に分析する伝統的な文学研究の手法から、その成果もふまえながら、作品・作者・読者、さらには研究者が置かれる立場・状況—時代性—の中で考える方法への転換である。たとえば、田中貴子の『〈悪女〉論』[*1]や、馬場光子『走る女』[*2]などは、女のイメージの背景にあるジェンダーの問題を宗教・政治・身分などのさまざまな観点から見直すことで、いくつもの作品の解釈に新しい側面を与えた。

最近では、さらに恋愛行動そのものを歴史的にとらえようとする今関敏子『〈色好み〉の系譜　女たちのゆくえ』[*3]なども ある。恋愛が人間のなんらかの欲望の現れである以上、研究の方向が個々のキャラクターの読み解きから、「関係」（いわゆる「恋愛」にかぎらない）のありようを解明する方向へと移っていったのは当然のことといえるかもしれない。何を恋愛と考えるかはじつは自明のことではなく、時代性によって大きく変わることが理解されてきたからである。そうして、今後考えねばならないのは、「関係」を解き明かすための時代性（たとえばキーワード的にいうなら、「階級」「経済」など）をどこに求めるかということだ。

一例として「一夫多妻」を取りあげてみよう。『源氏物語』の書かれた時代の結婚制度が一人の男性が同時に多くの女性と関係をもつことが許される、いわゆる「一夫多妻」だったと記憶している人は多いだろう。しかし工藤重矩の『平安朝の結婚制度と文学』[*4]によれば、実際には、強い権利をもつ一人の正妻とそれ以外の妾との間には、明確な区別があり、それが文学の中においても、恋愛の力学として働いている。

光源氏が男友達三人と女性について語りあう「雨夜の品定め」という場面がある（帚木巻）。理想の女性とは、ということなのだろうが、ここで彼らの欲望の対象として語られる女性の種類は、じつは四人の男の階級によって異なっている。

源氏や頭中将といった「貴公子」は、政治的な理由から、家柄の良い正妻をもたされている。探したいのは理想の浮気相手で、その対象は親もなく心細げな、ひたすら保護してやりたい、「か弱き女」である（「うるさいことを言う親がいないのがいい」などというセリフも別の巻にある）。一方、若い男を妻の実家が経済的に支えるこの時代にあって、今後の出世を考えなければならない左馬頭や式部丞がまず必要とするのは、実家も本人もしっかりした理想の妻である。日々の夫の仕事を円滑にする裁縫などの才があればなお良い。恋愛の打ち明け話といいながら、話し手の男の階級が欲望の対象を分けるのである。

それぞれ、か弱すぎても困る、しっかりしすぎても困る、と手前勝手な理屈による男同士の「品定め」は流れていくのだが、彼らが語った恋愛観からは、

「同世代の男同士の競争」「異世代の男同士の（女を媒介とした）契約」「（より優位の男による）他者を保護、支配する欲求」など、男同士のさまざまな競争原理（駆け引き）が透けて見えている。

もちろん男だけではない。秋澤亙「『源氏物語』における「中の品」の論」[*5]などは、『源氏物語』の数多い女性登場人物たちのストーリーは、「父親不在の女君」が「いかに後の人生を生き抜くか」のヴァリエーションだとも指摘していて、恋愛は彼女たちの経済、階級の問題を抜きには語れない。

古典文学における恋愛というと情緒的で絵巻のような文字通り絵空事の世界と思う人もいるかもしれない。しかし、ジェンダーの視点で見えてくるそれは、時代の中で階級や経済といったさまざまな要素と不可分に結びついた、人間の欲望に基づく行動だ。このことはおそらく古典の世界でも私たちが生きる現代でも変わらないであろう。

（平野美樹）

引用文献

＊1　『〈悪女〉論』田中貴子　紀伊國屋書店　一九九二

＊2　『走る女』馬場光子　筑摩書房　一九九二

＊3　『〈色好み〉の系譜　女たちのゆくえ』今関敏子　世界思想社　一九九六

＊4　『平安朝の結婚制度と文学』工藤重矩　風間書房　一九九四

＊5　「『源氏物語』における「中の品」の論」秋澤亙『國學院大學大學院紀要』第二三輯　一九九一

第四章 ◎ 家族の変遷とジェンダーのゆくえ

家族って何だろう

「家族」とはどのようなものですかとたずねられたら、どのようなイメージをもつだろうか。想像してみてほしい。母親がいて父親がいて、子どもがひとりあるいは数人いる情景。さらに、祖母や祖父をあわせて思い描いた人もいるかもしれない。そして、そのイメージはどんな感情をともなっているだろう。温かみ、やさしさ、安心する気持ち、そんなところだろうか。違うイメージをもった人もいるかもしれないが、こうしたイメージが「家族」という言葉にあることを知ってはいると思う。それでは、そのイメージと、あなた自身の現実の家族とは重なっているだろうか。重なっていると思った人も、完全に重なっているのかどうかよく想像してみてほしい。どうだろう、それはぴったり重なっているとは言い切れないと思う。そのイメージは、あなたの心の中にあるイメージなのだ。現実とは、必ずしも重なっていない。

さて、ここで考えたいのは、私たちが思い描くこうした家族のイメージはどのくらい普遍的なのかということだ。「家族」という言葉には、たしかに一般的なあるイメージがある。けれどよく思い出してみれば、隣の家とあなたの家の家族のあり方ですらずいぶん違っているはずだ。私たちはその現実を知っている。また、おばあちゃんやおじいちゃんの子どもの頃の家族のあり方と、あなたが今属している家族のあり方は一緒だろうか。違うはずだ。私たちは、家族のあり方が歴史的に変化してきたことも、じつは知っている。イメージと現実の間には、ズレがある。そして、イメージそのものも変化してきている。ここでは、私たちがもっている「家族」のイメージが、どのようにつくられ、どのように変化してきているのかについて考えてみよう。

「近代」という区分

私たちの家族のイメージについて考えるときに、必ず用いられる重要なキーワードとして、「近代家族」という言葉がある。この言葉で説明されるのは、家族のイメージや具体的なあり方が、「近代」に入って大きく変化したということだ。日本の家族についていえば、「近代」化は、明治以降のことである。「近代家族」とよばれるものは、次のような特徴をもっている。第一に、家族のあり方が、労働の領域と切り離されるということ。第二に、それにともなって、村や町全体とのつながりが薄くなり、家族がとてもプライヴェートなものになるということ。第三に、特に子どもの存在を中心としながら、愛情や親密性という感情的なつながりがとても重視されるようになったということである。

近代以前、家族の生活する場は、労働の場そのものだった。家族は労働ととても密接なつながりをもっていた。農業なら農業で、商業なら商業で、さらに、それぞれの仕事をしている家族同士が結ばれあって、村や町の「共同体」をつくりあげていた。働く場が家族の生活の場と重なっているので、家族一つ一つは独立しておらず、大きなまとまりの中で人々は生活していたわけだ。男も女もまた子どもも、ともに同じ場で働いていた。

ところが、近代に入ると、労働の場は必ずしも家族の生活の場とは重ならなくなる。最もわかりやすいのは、サラリーマンの出現だ。仕事の場は、家族の場から離れた、まったく別の場所にある。働く人は、家から外に出かけていくのである。会社や工場や商店や役所や学校や病院、さまざまな働く場所へ出かけていくわけである。近代以前には、多くの場合、仕事は代々受け継がれていたのだが、そうしたつながりもまた希薄になる。それぞれが、自分の力で、仕事の種類を選ぶようになるのである。同時に、外へ働きに出るのは男の役割となり、家事が女の役割となった。ジェンダーによる役割分業が、近代に入って成立したのである。

家族が、労働と切り離された場へと変化したことで、家族の中には新しい感情が生まれた。家族は、労働とはまったく関係のないきずな、プライヴェート（私的）な感情で結ばれあうことになったのである。そして、外の世界から切り離されていることこそが、むしろ家族の存在意義になっていく。私たちが当然のものだと思っている、夫婦の間の愛情、そして、親子の間の愛情。このような親密な愛情は、家族の関係が、内側に閉じられていく中で現れてきたものなのである。たとえば、日本の近代以前の社会（江戸時代）では、離婚率は非常に高いし、養子もまた非常に多い（どちらも二割を超える。五人に一人以上である）[*1]。それを考えただけでも、大きな変化がこの間に起こったことがわかるはずだ。離婚や養子縁組みがめずらしくなかったということは、それぞれの間にある愛情ではなく、「家」の枠組みが重要だったことを示しているからだ。子どもが、幼い頃から働くこと、または奉公のために家を出ることもけっしてめずらしくはなかった。ところが、近代に入ると、子どもは愛すべき対象へと変化する。家族の中に愛をもたらす、重要な存在となるのである。家族は、労働の場ではなくなり、子どもを中心とした、近代以前とは違うきずな、愛情で結ばれあう私的な場へと変質したのである。家族によってつくられる領域とその外の領域は分離され、家族がつくる領域が私的な領域、その外の領域が公的な領域と考えられるようになった。

「家庭」という言葉

「家庭」という言葉も、私たちには、なじみが深い。しかし、この「家庭」という言葉は、じつは、明治時代には特別な意味をもっていた。というのは、この「家庭」という言葉は、「ホーム」の訳語として用いられ、西洋から「ホーム」という新しい家族のあり方を輸入するとともに、定着した言葉なのである。

西洋近代における家族のあり方が、「ホーム」という言葉とともに輸入されたのは、明治二十年代（一八八七—一八九七）のことだ。大きな役割を果たした人として知られる巌本善治は、明治二十年、「日本の家族」と題した文章を『女学雑誌』に連載し、「日本に幸福なる家族少なし」と嘆いた。彼が望んだのは「スイートホーム」、つまり、西洋的な、愛情で結びついた家族だった。彼は、家族を「親子団欒夫婦和楽」の場に変化させたいと願った。そのような感情的な結びつきを、何より重視したわけである。しかし彼がいうように、当時の日本の家族はそのようなものではなかった。たとえば、日本における父親というものは、愛情をありのままに表現したら、父として必要な「厳武の容」（厳しいイメージ）が失われると思って、わざわざ「冷淡の体」（冷たい態度）を装ってきたのだという。「一家の主人公たるもの、まず、もっとも、うちくつろぎたる体を嫌いて、窮屈にして堅苦しき家風を作り出し、つねづね、その子に対しては苦々しき顔付きをなし、その妻に対してはよそよそしきもてなしを致す」という箇所には、一家の主人公である父親が、くつろいだ様子を嫌って、わざと子どもには苦々しい顔で、妻にはよそよそしい態度で接するという様子が批判されている。そして、日本の家族に「和楽」をもたらすためには、夫婦と子どもだけで生活することが必要だと説いたのである。「一家の根本は夫婦にあり夫婦相思の愛は即ち一家和楽の大根底たるなり」、これを大きな声で唱えなければならなかったのであり、それほどにこうした考え方は新しかったのである。

このホームという語の訳語は、その後「家庭」という言葉に定着し、このあと徐々に流通していくことになる。たとえば明治二十五年（一八九二）には、『家庭雑誌』という名前の雑誌が出版されている（出したのは、徳富蘇峰）。第一号の社説は、「家庭教育の事」である。ここでは、「父母の欲する所に従って教育せずして、その子どもの性の応ずる所に従って、教育を施すべし」と説かれている。つまり、子ども自身の性質というものがあるのだから、それを大切にするようにすすめられているのである。家族が働く場として考えられ、子どもが働き手であり、家の継承者として考えられていれば、このような発想は生まれてこない。子どもの自立性を認め、そこにある可能性というものを大切にしようという考え方は、家族のあり方そのものが変化して初めて、生まれてきたのであった。また子どもに対する関心のこのような高まりは、「家庭」という場に愛情を発生させることになったのである。

このあと、明治三十年代（一八九七—一九〇七）に入れば、「家庭〇〇」という題名の雑誌や書物は増える一方で、一種の流行語となっていく。「家庭小説」というジャンルがあったことも今ではほとんど忘れられてしまっているが（文学史の授業でも、聞いたことのある人はまずいないだろう）、明治三十年代の文学の中心は、なんと「家庭小説」だったのである。明治に入って、新しい時代に向かってさまざまな面での「改良」がめざされたが、「家庭」という言葉は、家族の「改良」の方向性を示すキーワードになったのである。

家族と国家「良妻賢母」

ところで、巌本善治の家族論の最後は、こうした愛情のあふれる家族へと日本の家族を「改良」

するのは、「一家の女王」である女性の仕事であるという文章で終えられている（「一家の女王まず動かずんば、家族を幸福にするの改良策は、朴然として、ことごとくその精神を失うべし」）。近代家族の成立において欠かすことのできないのは、この「一家の女王」、後に「良妻賢母」として確立されていく、家庭の中の女性のイメージだった。「女王」という言葉は、あまりにも西洋的である。この新しいイメージは、女子教育の必要性を説く主張とともに輸入された。そして、その背景には、近代的な家族の成立を国家にとっての重要課題とする考え方があった。「家庭」は、国家とジェンダー・システムの結びつきの方向性を指し示す枠組みでもあったのである。

「良妻賢母」には、大きく分けて、二つの役割がある。一つは、「良妻」としての役割である。これにはさらに、家庭の家事を担う「主婦」としての役割と、夫を支える「伴侶」としての役割の二つの役割が含まれている。ここまで述べてきたように、家族は労働の場から切り離されたのだが、それによって初めて、家事に専念する「専業主婦」が誕生した（第五章参照）。「主婦」は、近代において生まれた新しい女性像である。そして、家庭を居心地の良い場所に整えるために、新しく輸入された家政学を学ぶことが必要だとされた。「伴侶」となるためにも、教育は必要とされた。というのも、男性が新時代の知識をどんどん吸収して変化していく時代に、女性が旧式な考え方であっては、夫を支えることができないと考えられたからだ。良き「伴侶」となるためには、女性が学ぶ必要があったのである。

もう一つの役割は「賢母」である。「賢母」とは子どもを「教育する母」であるが、これもじつは、明治に入ってまったく新しく登場したイメージだった。近代以前の母は、産む者ではあったが教育する者ではなかった。江戸時代の女性の教育書には、嫁として妻としての心得が書かれているばかりで、母としての心得はまったく書かれていない。[*2] 子どもを教育する役割を果たせるような能力が、女性にはないと思われていたからである。しかし、近代に入ると、母が子どもの教育者となることが必要だと説かれるようになった。なぜか。それは、新しい国家をつくるために、新しい教育によって国民を育てることが必要となったが、西洋においては、母こそがその教育者の役割を果たすと考えられていたからだ。日本は、それを輸入したのである。「賢母」像は、「良妻」像にもまして、強烈に女性の役割として広められたといってよい。戦時期の「軍国の母」イメージの強化はその延長上にあるし、戦後も変わらず、子供を育てる責任は「母」に集中してきた。

このように、「良妻賢母」というイメージは、女子教育と結びつきながら近代家族を支える女性の理想形として流通するようになった。近代における女性の地位を高めていこうとする動き（新しい理想像をつくること）と、女性を家庭の「女王」として私的な空間に閉じ込めていく動きは、重なっていたのである。現在でも、この枠組みは生きている。女性にとって、教育を受けることと社会に出ていくことを結びつけることは、男性に比べて難しいままだ。

この歴史的な展開は、家族が、国家の基礎として位置づけられるようになったことを意味してもいる。近代に入って、家族が私的な場に変化したということと、国家の基礎となるということ、この二つの特徴が結びあわさって近代社会は成立してきた。育児や介護、また人々の精神的なケアといった仕事は私的な領域に閉じ込められて無償化し（妻・母の働きには賃金が払われない）、政治や経済の論理のみで動く公的な領域がつくりだされたのである（もちろん、こちらの夫・父の働きは賃金を払われ、同時に権力が与えられる）。妻や母が家庭を守り、夫や父が外で働く。この役割分担による枠組みが、近代国家の条件となってきたのである。母と父と子どもからなる愛情で結ばれた家族のイメージも、男が公的な場で働き女が私的な場を守るというジェンダーによるこの役割分業も、こうして明治期に輸入された家族のイメージの特徴であったということがわかるだろう。私たちが親しんできたイメージは、普遍的なものなのではなく、近代に特徴的な家族のイメージなのである。しかしこのしくみには問題もある。妻や母は社会性を奪われ、夫や父は家庭での場所を奪われるからだ。現在では、あまりにも明確に役割を分けてしまうことの問題が、だんだんと浮上してきている。

家族イメージの変容

さて、現在は、ここまで説明してきた明治の事情の延長上にある。「良妻賢母」という言葉そのものはあまり聞かれなくなっているかもしれないが、表現を「専業主婦」と「教育する母」に変えれば、私たちが見慣れた家族のイメージとのつながりがはっきりするだろう。明治に輸入された近代家族イメージは、もちろんすぐに現実のものとなったわけではなかったが、理想として語られ続けながら、徐々に、現実の家族のあり方はそれに向けて変化してきたのである。

そして、どうなったのか。ここからは、現在に話を移そう。

現在の家族について語られる問題は、この近代家族イメージとのズレとして浮かびあがってきている。私たちが目の前にしている家族のあり方は、多様化しているからだ。

たとえば結婚のあり方。今では「夫婦別姓」、また「事実婚」や「非婚」（「未婚」という言葉が、いつか結婚するということを前提としていることに異議を唱える立場が生んだ言葉だ）という選択が、現実化してもいる。夫婦別姓に関する法的なシステムはまだ整っていないが、通称を使用することで実質的な別姓を選択している人は、年々増えている。婚姻届を出さない結婚である事実婚、または結婚という制度とは異なる関係をめざした非婚の出現も、これまでの夫婦の形態からズレた生き方の現れといえるだろう。一九六五年以降、離婚率は増加し続けている。特に二十年以上同居したいわゆる熟年夫婦の離婚の増加（一九七五年には全体の6％程度だったのが、二〇〇〇年では16％に増加）[*3]が示すように、無理に結婚を維持することより、それぞれの生き方の自由が尊重されるようにもなってきている。子どもを持たない夫婦も増えている。出生率（一人の女性が生涯に生む子どもの数）は、二〇〇四年にはすでに1・29人である。[*3]今後も、減り続けるだろう。

そもそもの前提となる結婚のあり方が変化しているのだから、当然、家庭におけるそれぞれの役割も変化してきている。妻として、夫として、そして母として、父として、また子どもとして、どのような役割を果たせば家庭が維持されるのか、それぞれの役割が問い直され始めている。育児は誰が、家事は誰が、介護は誰がするのか。主婦だけにそれらの仕事が任されることとして問題になる場合もあるし（夫や父が、家事や育児や介護をする可能性が奪われているともいえる）、増加する夫婦共働きの家庭で誰がそれを分担するのかという問題になることもある。企業における休暇制度のあり方に検討が加えられつつあったり、また公的な介護保険制度ができたように、私領域と公領域の区分自体の見直しが始まっているのである。

また家族の生活形態も変化してきている。親の単身赴任で家族が離れ離れになることもあるし、進学や就職で子どもがそれぞれに暮らすようになって、一つ屋根の下に家族全員で集まることが難しい場合もある。増加するのは、シングル世帯である。非婚という選択とも関係しているだろう。ひとりで生きるということを、ひとつの生き方として認めることが可能になってきたということは、親と子どもからなる家庭を国家の基礎とする考え方が変化してきたということを意味している。高齢者のシングル世帯も増えている。そのうちの多くは、離婚や死別で配偶者と別れ、子どもとの同居を選ばなかったことによるシングル世帯である。家庭を営むことが、理想としても現実としても一般的であった世代にとっても、現在では、シングルとしての生き方が広がりつつある。

とはいえ、シングル世帯は経済効率の点からいけば、良いとはいえない。それを理由として、親の家に寄生（パラサイト）したまま巣立たない人も増加しており、パラサイトシングルという言葉もできた。[*4] ただもちろん、親と同居しているすべてのシングルがパラサイトしているわけではない。精神的経済的に自立し、あるいはさらに、親や家族の世話を引き受けている人もある。たしかなのは、結婚や自立についてのこれまでの考え方が変化してきたということだ。

家族のイメージは、どんどん多様化している。家事をし子育てをする夫や父は明らかに増加しているし、同時に働く妻や母も増えている。離婚や非婚による、シングル・マザー、シングル・ファーザーも増加している。もちろん、働きながらの子育てを支えるシステムはまだまだ不十分で、保育所の不備など、これから改善していかなければならない深刻な問題がある。しかし、重要なのは、それがけっして否定的に語られてはいないということだ。父と母と子どもという単位が唯一の家族イメージであった時代は、これからさらに、過去に送り込まれていくだろう。

離婚後の再婚によって生まれた新しい家族を意味する「複合家族」という言葉がある。[*5] 離婚した後も、もともとの親と子どものつながりが維持され、子どもが二人の親の間を行き来することも、けっしてめずらしくはない。そうなれば、もともとは二組であった家族が、再婚によって新しく一つになった家族に、さらに場合によって、基本的には別な家族として暮らしている人が加わることにもなる。それぞれの生き方によって、それぞれの形が生まれてくるだろう。母と父という異性愛の夫婦を基盤とする考え方は、変化してきたし、今後も変化していく。シングルの親が増えてきたように、その規範性は薄れてきている。同性愛のパートナーシップを基盤とした家族も、これから増えていく形のひとつとなるだろう。

家族のあり方は、このように多様化している。明治に輸入された近代家族のイメージが、通用しなくなってきたのは、当然である。しかし、そのように現実が変容しているということは、「家族」というものが消えることを意味しているのではない。たとえばシングルで生きている人にとっても、家族と感じられる人とのつながりは、さまざまな形で存在している。一つのイメージにはおさまらないということだけが、重要なのである。そもそもそれ自体が、普遍的なものではないということを説明してきた。私たちは、互いに気持ちを許しあうことのできる大切な人とのつながりを必要としている。ジェンダーによって規制されてきた役割から自由になり、それぞれにあった形で、そうした関係をはぐくんでいくことが大切なのである。

読者のための参考図書

『近代家族の曲がり角』落合恵美子　角川書店　二〇〇〇

「近代家族」について考えるのに必須の一冊。江戸から現代までさまざまな視点で家族について論じられている。「家族」のあり方は劇的に変化してきたということがわかる。そして「近代」の特殊性は、変化を知るとよく理解できる。

『良妻賢母という規範』小山静子　勁草書房　一九九一

「良妻賢母」という概念は、過去のものではない。現在に続く近代の枠組みであることを明らかにした研究。私たち自身の問題なのである。

『戦略としての家族』牟田和恵　新曜社　一九九六

「家庭」というイデオロギーについて考察されている。日本が近代国家のシステムを整えていくとき、「家庭」という概念がいかに使われ、どのように有効であったかがわかる。

コラム4

十九世紀イギリス小説――ディケンズの家族たち

チャールズ・ディケンズの小説には、家族の喜びやその幸福を印象深く描いた名場面が数々ある。たとえば『クリスマス・キャロル』（一八四三）のクラチット一家が迎えるクリスマスの風景。そこでは祝日を祝うには乏しい食物を嬉々として分かちあい、また不幸な病を患った子に家族皆がそれぞれに思いやりいたわる姿が示される。あるいは『大いなる遺産』（一八六一）のウェミック氏が耳の遠い父親のためにさまざまに楽しい工夫を凝らした郊外の居宅もその例だ。彼は音が聞こえる楽しみを父親に味わわせようと庭に小さな大砲をこしらえて時を知らせるのである。ユーモアとペーソスにあふれたこうした家族の情景が指し示すこととは、貧困や病気、老齢など人生の種々の困難や苦痛を補いやわらげるものは、家族の思いやりや情愛だということだ。「家庭愛こそ英国人のあらゆる美徳を生みだす源」であり、「世の幸福の真の源が家庭にある」と強調したディケンズは、まさに十九世紀までにイギリスにおいて確立していた近代家族社会がはぐくんできた家族をめぐる心性、とりわけその個人的情愛の重要性の意識を汲みあげた作家であり、家庭こそ個人の幸福と社会の統合の基本と説いて近代市民社会の絶大な支持を得たのである。

ところで、ディケンズと家族を論じる場合、いくつか気にとめておきたいことがある。たとえば、家族とは、親子ばかりでなく、夫婦、兄弟、姉妹関係であるが、ディケンズが描く家族には、赤の他人同士がつくる擬似家族を含む多様な関係が存在するということだ。また家族の価値の代弁者とはいえ実際にディケンズが描いた家族のうち幸福な理想的家族は意外に少なく、特に後期の作品においては不幸で惨めな情愛関係の成立しない家族が大半を占める。これはディケンズの個人的体験にも多少かかわる興味深い事項ではあるが、ここではさらにもうひとつの特徴について注目しよう。面白いことにディケンズの描く幸福な家庭には、必ずといってよいほど有能な主婦が存在する。たとえば上記クラチット家の主婦や、ウェミックの婚約者はてきぱきと家事をこなす働き者である。徳富蘆花が『思出の記』を書くきっかけとなった『ディヴィッド・コパーフィールド』（一八五〇）のアグネスは、家事に有能なだけではなく、主人公ディヴィッドの苦労の慰安者、理解者、そして時に惑う彼の良心の守り手として、家庭外で働く男性の守護天使としての機能も果たす物心両面にわたる機能的主婦である。一方、不幸な家庭では、対照的に、その悲惨の原因の多くが家庭的女性の不在、ないし家庭内における機能を果たし得ない失格妻または愚母に帰せられる。たとえばディヴィッドの最初の妻ドーラや、『荒涼館』（一八五三）のジェリビー夫人、あるいは『リトル・ドリット』（一八五七）におけるクレナム夫人は、それぞれ家庭の女性が担うべき機能を放棄しているが、そのために家庭内に混乱と不幸をもたらすのである。こうした女性たちは一般に悪女として扱われ、女性性を剥奪された滑稽で笑うべき存在として嘲弄を受ける。風刺的に扱われない場合は、破滅、疎外、突然死が与えられるか、死や破滅を連想させる不気味な存在として描かれるのである。つまり、家庭内の役割を十全に果たす女性は称揚され、時に神聖化すらされる一方、そうでない女性は本質にそむく存在として罰せられるのである。こうした表現の枠組みに、ディケンズの描く家庭がいかにジェンダー制度による役割分化を前提としているか、また家庭内における役割をその本質とするゆえに女性の表現がいかに制限を受けているかを見てとることができよう。

とこう述べれば、いかにもジェンダーシステムの代弁者といった傾向が強い作品を書いたディケンズに見えるが、だからといってディケンズの女性像を平板なものに見なすとしたらもったいないことはぜひ付言しておこう。作品において断罪されるいわゆる悪女や愚かな女性たちは、逆に役割を本質とされてしまった当時の女性たちの違和感や自我のありようを映し出す鏡として、いうなれば「禁忌としての魅力」を豊かにもっているからである。（溝口　薫）

参考図書
『大いなる遺産』C. ディケンズ　山西英一（訳）新潮社　二〇〇一
『クリスマス・キャロル』C. ディケンズ　村岡花子（訳）新潮社　二〇〇一
『荒涼館』C. ディケンズ　青木雄三・小池滋（訳）筑摩書房　一九八九
『ディヴィッド・コパーフィールド』C. ディケンズ　中野好夫（訳）新潮社　一九八九／石塚裕子（訳）岩波書店　二〇〇三
『リトル・ドリット』C. ディケンズ　小池滋（訳）筑摩書房　一九九一

コラム5

夫婦別姓がめざす生と社会のかたち

家族のあり方を問うことは、私たち自身の生き方を考えることであり、それは社会のあり方を見つめ直すことにつながっていく。近代家族論は、私たちが「あたりまえ」のものとしてきた家族像が、歴史的な産物にすぎないことを明らかにし、家族のあり方の多様性を積極的に肯定する流れを作ってきた。社会学の分野では、家族は「個人が選択するライフスタイルのひとつ」であり、諸個人のライフコースに沿って、それぞれのありようで結びついた、個人を起点としたネットワークとしてとらえられるようになった。[*1]

　こうした見方は、家族という単位で個人をくくる、家族中心の社会ではなく、シングル（個人）単位の社会システムの樹立を提唱する動きとつながっている。[*2]行政学の立場から、家族関連法、税制・年金制度、労働政策などの公共政策が、「近代家族」をモデルとして、家族単位で構築され変遷してきたことを批判的に分析する研究も出てきた[*3]。

今までの家族（世帯）を最小の単位とする社会構造は、性別役割分業を前提とし、そこでは家族を構成する個人に十分な目が向けられてこなかった。しかし最近では生き方が多様化し、家族が変容する中で、家族を基礎とするしくみが、個人に中立的に機能していないものとして問題となってきている。夫婦がそれぞれの姓を名乗るという夫婦別姓もそのひとつである。現在の法律では、夫婦とその子どもは一つの戸籍を作り、「夫又は妻の氏を称する」と決められており、結婚すればどちらかを選ばなければならない。そして現実には女性が改姓する場合が97%を占めている。その背景には、女性が姓を改めることが「あたりまえ」という、戦前のイエ制度とその意識に根ざす見えない力がある。

別姓を求める声は、女性の社会進出の増加と共に高まった。改姓することによって、仕事上・生活上でさまざまな支障が生じる。姓を捨てた側、つまり多くは女性が被るこうした不利益が実感され、その中で事実婚を選ぶ人や、通称として結婚前の姓を使用し続ける人が増えてきた。また、母や妻役割が相対化される中で、個人の意識が強まり、姓を名とともに個人のアイデンティティの一部として大事にしたいと思う人も増加してきている。

二〇〇一年五月の内閣府による世論調査によれば、別姓に賛成する人が42・1%となり、初めて反対の29・9%と逆転した。が、民法改正に向けた議論の中でも、家族の一体感を損なうという主張など、家族単位に強くこだわる考えと、個人を基礎とする対等な関係を求める主張にはへだたりがあり、改正に向けた動きはけっして順調とはいえない。

しかし、今後「男女共同参画社会」の実現に向けた「ジェンダーの主流化」の中で、家族単位の社会システムは、個々人の多様なライフスタイルを支える中立的なしくみへと、少しずつ見直されていくだろう。そこで必要なのは、雇用環境を整え、男女共に家庭と仕事、地域における活動などを並立し、自身の生活をバランスよく組み立てることができるような社会システムの構築である。そこではよりいっそう、個人の自律・自立が切実な課題となる。[*4][*5]

夫婦別姓については、一夫一婦制、婚姻制度の存在そのものを問う立場からの批判もある。だが、別姓の基本的なねらいは、男女の平等と個の尊厳、すなわち男女がその性別にかかわりなく、人間として対等であることを実質的に保障することであり、個々人が創りだす、自主的な生き方と多様なつながりを尊重する社会を推進することにある。私たち一人ひとりが異なる個として創る生と、それを支える家族や社会のあり方が、模索されている。別姓の法制化は、こうした新しいかたちの構築につながる大きな契機に違いない。

（森　未貴）

引用文献

＊1　『個人化する家族』目黒依子　勁草書房　一九八七

＊2　『シングル単位の社会論』伊田広行　世界思想社　一九九八

＊3　『戦後日本の女性政策』横山文野　勁草書房　二〇〇二

＊4　『二十一世紀の女性政策と男女共同参画社会基本法〈改訂版〉』大沢真理（編）　ぎょうせい　二〇〇二

＊5　『女性学・男性学』伊藤公雄・樹村みのり・國信潤子　有斐閣　二〇〇二

コラム6

家族は変わる

日本の小説というジャンルは、ずいぶんたくさんの家族の物語を生んできた。

明治や大正の家族の物語に多いのは、父と息子の葛藤というテーマだ。たとえば志賀直哉の『和解』（一九一七）。仕事や結婚にまつわる父との衝突が描かれ、涙にむせぶ和解のシーンが最後のクライマックスだ。父に対する気持ちを整理し、それを乗り越えていくことで一人前の男に育つという物語である。人間の自立という普遍的な物語が家族関係を基盤に描かれ、またそう読まれてきた。

しかし現代はすでに、家族のあり方には歴史的な変化があることが論じられる時代である。そして小説に描かれる家族の関係には、それぞれの時代の特殊性があることに光を当てる読み方が生まれた。たとえば、夏目漱石の『それから』（一九〇九）などの作品は次男を主人公としていることに注目する読み方が提示された。[*1] 次男は長男のスペアであり、長男が無事に家を継げば不要になる存在である。その複雑な立場の中で生きる明治の次男の物語が漱石の作品には書かれていること、またそれと対になる長男の物語も、明治という特殊性を帯びて示されていることが指摘された。

同時に現代は、新しい家族のあり方を模索する時代でもある。八〇年代以降の母と娘の物語には、さまざまな視点を読むことができる。たとえば吉本ばななの『キッチン』（一九八八）。両親のいない主人公のみかげが、育ててくれた祖母をもついに失うところから始まり、友人雄一とその母と接する中で、新しい関係性を見つけていく話である。雄一の母親であるえり子は、じつは、もとは男性で雄一の父であった人である。妻を失った後、自分自身が母となることにし、母として雄一を育てている。そのような「母」に、みかげは多くのものを与えられる。「母」が、血のつながりや女性であることと関係なく存在し得ることが示されているわけだ。九〇年代には、娘にとっての「母」の問題、その意味の大きさを問う小説が書かれた。踏んだ蛇がいきなり人に変化し「お母さんよ」と執拗に迫ってくる川上弘美の『蛇を踏む』（一九九六）。笙野頼子の『母の発達』（一九九六）は、娘を抑圧してきた「母」がある日どんどん小さくなり分裂し、娘とともに「母」なるものの解体に向かい、そしてさらに新たに発達するという奇妙な物語を描く。これらの小説は、「母」という存在のもつ意味を、非現実的な物語として展開しながら、問い直しているといえる。

そして二十一世紀。家族の物語はどんどん多様化している。村上龍『最後の家族』（二〇〇一）は、恋人をもつ母、リストラされる父、引きこもりの息子、家を出たい娘、さまざまに壊れた家族が、それぞれの自立を通して関係をつくり直す物語である。長嶋有『猛スピードで、母は』（二〇〇二）は、生き抜くシングルマザーを、子どもの場所から静かな確信をもって肯定する物語を描く。唯川恵『肩ごしの恋人』（二〇〇一）は、二人の女性が一緒に子どもを育てるという期待にみちた結末を、しなやかに示す。小説は時代とともにどんどん動いている。読者としての私たちは、家族のあり方が抱える問題を発見し、新しい生き方をそこにつくりだしていくことができるだろう。

（飯田祐子）

引用文献

＊1 『漱石の記号学』石原千秋 講談社 一九九九

参考図書

『肩ごしの恋人』唯川恵 マガジンハウス 二〇〇一
『キッチン』吉本ばなな 角川書店 一九八八
『近代文学に於ける「家」の構造』川本彰 社会思想社 一九七三
『最後の家族』村上龍 幻冬舎 二〇〇一
「次男坊の記号学」石原千秋 『国文学解釈と鑑賞』一九八八年八月号 至文堂
「それから」夏目漱石 『漱石全集』第六巻 岩波書店 一九九四
『母の発達』笙野頼子 河出書房新社 一九九六
『蛇を踏む』川上弘美 文藝春秋 一九九六
『猛スピードで、母は』長嶋有 文藝春秋 二〇〇二
「和解」志賀直哉 『志賀直哉全集』第三巻 岩波書店 一九九九

第五章 ◎ 主婦とはどういう存在なのか

「男は仕事、女は家庭」？

ずいぶん前のことだが、ある女子学生に「先生は炊事や洗濯をするんですか？」と聞かれたことがある。「うん、するよ」「ただし掃除は全然ダメだけど」。たしかそんな答えをしたと思う。すると学生はなんだか曖昧な笑みを浮かべて、「男の人なのにそんなことするんですか？」と聞き返してきた。こうした経験は多くはないが、しかし「現代の若い女性にも、こういう考え方の人はいるんだ」とずいぶん驚かされたことを覚えている。

さて、ここのテーマは「主婦」である。手元の国語辞典には「妻として家庭生活のきりもりと管理の責任をもつ女性」とある。「男の人なのに」という先の言葉は、「家のことは女の人がするもの」「それが主婦の役目」といった理解と結びついていたのかもしれない。となると、そこには当然「家のことをしない男」は「外で働くもの」という考え方もワンセットになってあったのだろう。

しかし「男は仕事、女は家庭」という考え方は、現実にはかなり支持を失っている。ある調査によると、一九八七年の女性たちはこの考え方に「同感するほう」（36・6％）、「同感しないほう」（31・9％）と答えていたが、一九九五年にはこれが「同感するほう」（22・3％）、「同感しないほう」（53・9％）と変わってきている。[*1] すでに「同感しない」が「同感する」の二倍以上になっており、多くの女性が「女は家庭」という考え方に縛られない「新しい生き方」を模索していることがわかる。ここでは、その模索の準備作業として、そもそも主婦とはどういう存在なのかについて考えてみる。それは「家庭的であることが女らしさ」であり、「たくましく稼げることが男らしさ」であるという、社会的・文化的に形成された性（ジェンダー）の歴史の一面を見ることでもある。第四章や第七章とあわせて読んでもらえるといいと思う。

増えている働く主婦

さて「男は仕事、女は家庭」という考え方は女性の支持を失いつつあると書いたが、これについてはただちに補足が必要である。それは「考え方」は支持されなくなってきているが、しかし実生活では「女は家庭」が続いており、そのため働く女性は、働くことによって逆に「仕事と家庭」の両立による苦労を深めているということ。

女と男の労働と生活の時間についての調査を見ると（表5-1）、「家事」「介護・看護」「育児」「買い物」の4項目合計に「専業主婦」が費やす時間は、土曜・日曜も含めて一日平均7時間30分。しかし、その夫が費やす時間はわずかに27分。ここには非常に明快な「男は仕事、女は家庭」型の役割分業がある。では、外で働いている「兼業主婦」のいる家庭ではどうなっているか。兼業主婦

表5－1　家事労働の合計（週7日間平均）＊2

（単位：時.分）

	家事	介護・看護	育児	買い物	合計
専業主婦	5.02	0.05	1.30	0.53	7.30
兼業主婦	3.35	0.03	0.19	0.36	4.33
専業主婦の夫	0.05	0.01	0.08	0.13	0.27
兼業主婦の夫	0.07	0.01	0.03	0.09	0.20

［資料］総務省統計局「社会生活基本調査」（1996年）より

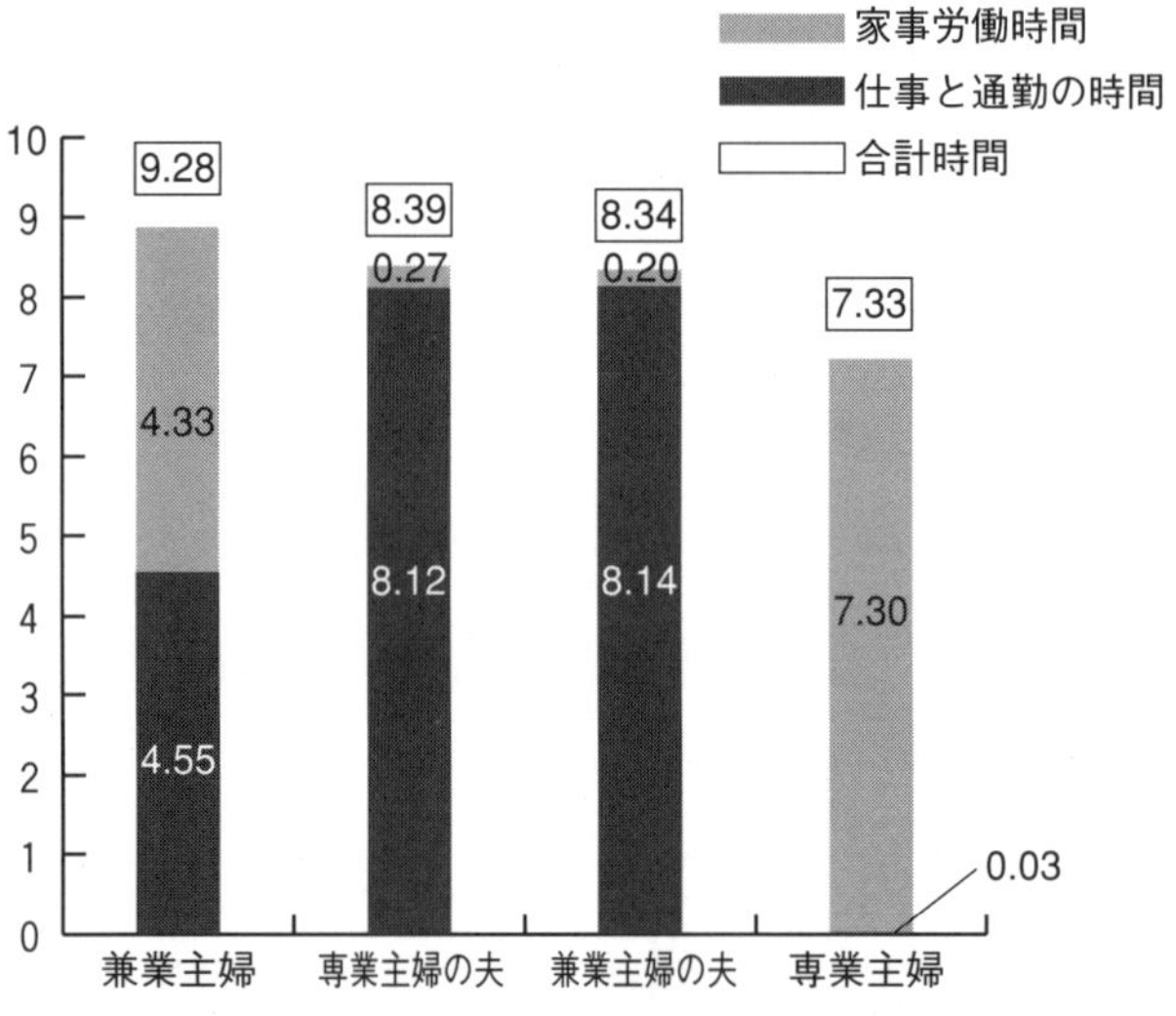

［資料］総務庁「社会生活基本調査」（1996年）より

図5－1　「家事労働時間」と「仕事と通勤の時間」の合計（週7日間平均）＊2

の四項目合計の時間は4時間33分だが、驚いたことにその夫はわずかに20分でしかない。「共働き」家庭のほうが、夫の四項目合計の家事時間は短くなっている。妻が外で働いている場合にも「家事は女がする」という現実がハッキリと貫かれているのである。

これにそれぞれの外での労働時間を加えて、稼ぐための労働と家事のための労働の合計時間は多い順に、兼業主婦・兼業主婦の夫・専業主婦の夫・専業主婦となる。さらにこれに通勤時間を加えたものが図5-1であり、合計時間は多い順に、兼業主婦・専業主婦の夫・兼業主婦の夫・専業主婦となる。労働の密度をとりあえず脇に置いた単純な比較であり、アンケート調査としての制約はあるが、時間数で見たこれらの数字は兼業主婦こそ一番の働き者だということを示している。[*2]

「それなら専業主婦がラクでいい」「頼りがいのある稼げる男と結婚すればいいんだから」。そういう声も聞こえてきそうだ。ところが、現実はその逆に向かって進み「専業主婦」比率は、迷いを見せながらも一九七五年を境にグッと減ってきている。[*1] そして「サラリーマン世帯」をとれば、今や「働く主婦＝兼業主婦」が主婦の世界の多数派となってもいる。[*3]「仕事と家庭」の両立は大変なのだが、それにもかかわらず女性の多くはすでにその道を進んでいる。これが現実である。

近代家族の誕生と主婦

「女は大昔から主婦だった」「女が働くようになったのはごく最近のことに違いない」。そう思っている人もいるかも知れない。しかし、歴史の事実はかなり違う。江戸時代や平安時代といった「昔」の社会では、おもな産業は農業や漁業で、武士や貴族などの支配者層を除く一般庶民は、女も男も年寄りも子どもも、働ける者すべてが働くことはあたりまえのことだった。さらに縄文時代のような「大昔」にさかのぼれば、誰もが働かなければ、そもそも生きていくことさえ難しい。それでは長い人間の歴史の中に「もっぱら家庭生活に責任をもつ主婦」という存在は、いつ頃、どのようにして登場してきたのか。結論からいうと、それは「近世」の封建制社会から「近代」の資本主義社会へという、社会のしくみの大きな変化の中でのことだった。まだ研究が十分でない部分も多いが、だいたいこの事情はヨーロッパにも日本にも共通している。なぜ、そうなったのか。少し難しくなるが、説明しておこう。

さまざまな産業がある中でも、封建制社会の代表的な産業は農業である。江戸時代にはかなり市場経済が発展するが、それでもおもな生産手段は土地だった。そして厳しい身分制のもと、農民たちは土地に縛りつけられ、時の支配者たちに農作物を差し出すことが強制された。職業の変更や移住の自由も与えられない彼らが、とても高い年貢を力ずくで取り立てられる姿を、テレビの時代劇などで見たことのある人もいるだろう。これに対して明治時代以降の資本主義社会では、農業ではなく工業やサービス業がおもな産業となる。実際の転換には第二次大戦後までの長い時間がかかるが、それにより「働く人」の多くは土地や農村から離れ、新しい生産手段である都市の工場や大きな建物と結びつくようになる。

　こうした経済の変化を土台にもった社会全体のしくみの大きな転換が、それまでの家族のあり方に大きな衝撃を与えていく。人々は農村から都市へと移動し、農民から工員や商工業の事務員などになっていく。徳川時代には今よりかなり大きな「家」があり、そこで妻は重要な労働力として農業に従事し、また時には夫と同じように「家」を出て外で奉公をしてもいた。ところが、新しい都市での仕事は「家」の全員による、「家」を拠点とした共同労働を不可能にする。資本主義の社会における労働は「家」ではなく「職場」で行われ、また職場への採用は「家」ではなく「個人」を単位に行われるからである。ここから徳川の庶民生活にはなかった、「男は仕事、女は家庭」型の、しかも以前よりはかなり少ない人数からなる「近代家族」が生まれてくる。社会の大量現象としての「主婦」は、歴史的にはここに誕生する。以上については、とりあえず『近代家族の曲がり角』[*4]や『近代家族のゆくえ』[*5]を読んでほしいと思う。

　こうして誕生した近代家族を表すものとして「家庭」という言葉が登場し、あわせて「結婚して家庭で家事・育児にいそしむ女性」という意味での「主婦」が〝housewife〟の翻訳語として生まれてくる。そして十九世紀最後の十年には「家庭や主婦」のあり方が、当時の有力雑誌で論じられ、二十世紀の初頭にはそこで論じられた「家庭や主婦」を体現する現実の家庭がしだいに数を増してくる。増加のきっかけは、比較的高い収入を得ることのできた学校教員や公務員などの「近代的職業」の広がりであった。「男は仕事、女は家庭」という関係が成立するには、「男」の側に、ある程度の収入が必要だったからである。

ただし、ここに登場した主婦の社会的地位は、現代の主婦とは相当に違ったものだった。主婦の生成の初期にあたる一八九八年に「明治民法」が成立するが、「妻は夫の家に入る」「夫が妻の財産を管理する」「家族の婚姻には戸主（男性家長）の同意が必要」といった規程を含むこの法律は、徳川の庶民の「家」には希薄であった「男性支配」を、全国の家庭に浸透させる決定的な役割を果たした。じつは、この種の「男性支配」は、封建制とそのもとでの土地の男子単独相続制の成立をきっかけに、鎌倉から徳川にいたる時どきの支配者たちの「家」に長く続いた制度と思想であった。そして、明治民法はこれを一挙に社会全体の制度へと広める役割を果たしたのである。生まれたばかりの明治の主婦は、こうして最初から男性家長に従属するものとして生まれてきた。主婦が「財布を握る」とか「夫に逆らう」といったことは法律によって禁止され、「女は男に従うもの」「家は長男が継ぐもの」という今日も広く残る「慣行」が社会の全体に浸透したのもこの時期のことである。

高度経済成長と「主婦への憧れ」

第二次大戦集結までの五十年に四度もくり返された侵略戦争は、主婦の生活にも深刻な影響を与えた。「女子師範」（教員養成学校）の設立による女性教員の育成といった政策の展開もあったが、とりわけ一九三一年からの十五年にわたるアジア侵略と一九四〇年からの太平洋戦争は、国内に深刻な「男不足」をもたらし、「銃後」を守る多くの女性を兵器工場など男の職場への一時的な進出を強制した。また、ただ一人の主権者であった天皇を「国家の家長」になぞらえ、「家長への妻の服従」の延長線上に「天皇への臣民の服従」を位置づけるという考えにより、主婦の中にも戦争をくり返す天皇制国家への無条件的追従の意識が強くつくられた。

一九四五年の敗戦は、いろいろな意味で日本の社会を変える大きな転換点となった。日本国憲法（一九四七年施行）が明治民法をはっきりと否定し、夫婦が「同等の権利」をもつのは当然だとして、「離婚並びに婚姻及び家族に関する両性の本質的平等」（第24条）を定めたのも、その重要な展開のひとつだった。家庭における家長（男）の法的な権力はなくなり、「男女は平等である」という考え方が学校教育にも取り入れられるようになる。しかし、だからといってそこから女性の社会進出が一挙に広がるという現実が生まれたわけではなかった。職場への進出をはるかに超えて専業主婦が増加し、その結果「女は家庭」の象徴である専業主婦の比率は、一九七五年のピークに向けて直線的に上昇したのである。

こうした事態の背後にも、資本主義経済の急速な発展が大きな役割を果たした。その一つは高度経済成長による、農村から都市への大規模な人口の移動である。一九五五年から七十年頃まで続く高度経済成長は、農業の機械化による農村労働力の過剰と成長する都市の労働力不足を生み、また農産物価格の低迷や農地の工業地への転換を進め、その期間に年平均で約四十万の人々を農村から都市へと移動させた。これによって日本全体の農業従事者は、労働力人口の30%台から10%台へと半減していく。この変化はヨーロッパ世界で百年以上の時間をかけて行われたことが、わずか十五年に凝縮して行われるという世界史にも例を見ない変化であった。こうして、都市には、農村での労働から切り離された大量の女性たちが短期間のうちに生みだされたのである。

もう一方で、高度経済成長は男性賃金の一定の上昇という二つめの重要な変化をもたらした。他の先進国との比較ではきわめて低い男性賃金だが、それでも小さなアパートでの「つつましくはあるが、家に妻の待つ暮らし」を実現することは不可能ではなかった。そして、ここに戦後の企業社会があらたにつくりだした「職場からの女性の排除」が重なってくる。結婚・出産退職や女性だけの若年定年制が、若い女性たちから経済的自立の条件を奪い取る。その結果、農村に帰ることのできない多くの女性は、結婚をして男の収入に頼るほかの道をもたなくなる。こうして高度経済成長は、特に都市部に「男は仕事、女は家庭」型の比較的少人数の「近代家族」を大量に形成する過程ともなっていった。

なお、こうした経済的要因のほかに「主婦のいる家庭への憧れ」もまた、専業主婦の拡大に大きな役割を果たした。戦前社会の主婦は、それだけで比較的収入の高い、都市に働く夫の妻のみに許された「優雅な上流階層」の象徴だった。だから、戦後の若い世代にとって「男が主婦をもつこと」「女が主婦になること」は、それぞれに互いの上昇志向を満たすという意味をもった。また、一九四五年から足かけ八年にわたり日本を占領したアメリカ文化の急速な浸透が、専業主婦比率の高かったアメリカ型の家庭生活を広め、「主婦のいる豊かな家庭」への憧れをますます高めていた。

ところで、こうして一挙に大量に生まれた若い主婦たちは、多くが主婦のいない農村の家庭で育っていた。したがって彼女らは、母親からは受け継ぐことのできない主婦という「新しい生活のスタイル」を何かから学ばねばならなかった。その役割を担ったのが大衆的な主婦雑誌である。落合はいう。「一九五〇年代後半には、主婦雑誌によって素敵な奥さんのイメージがさかんに広められた。『どんな化粧をしたらいいのか』『髪型はどんなふうに』『笑い方は』『服装は』……。年に何度も化粧をしない農婦を母親にもつ若い主婦たちは、こうした雑誌にモデルを求めた」[*4]。こうして主婦や「奥さん」の新しいビジュアルが創造された。

変化していく主婦

急速な専業主婦の拡大は、社会のあり方に与えるインパクトも強く、これまで何度も主婦のあり方をめぐる議論が行われてきた。三度の「主婦論争」にかかわる歴史的文献をまとめた上野は、その「解説」で論争の内容が「主婦の戦後史」を表していると指摘する。[*6] 一九五五年から一九五九年にかけて行われた第一次主婦論争は、女性の「職場進出」の是非そのものをめぐって行われた。農村から都市への人口移動が急速化する、高度経済成長が開始された頃の論争である。ここでは「女性は家庭を守るべき」という戦前の上層家庭の現実を引き継ぐ立場と、新しく生まれた戦後型の主婦を反映する「主婦第二職業論」が争った。しかし、女性の社会進出を認める後者の議論も、まだ主婦が女性にとって避けることのできない重要な「職業」だとする立場を離れることはできなかった。

しかし、高度成長の中での安価な労働力の必要や、家事の機械化（冷蔵庫・洗濯機・掃除機の普及は六〇年代）、保育所の普及といった社会的な条件の変化、また低すぎる男性賃金を補足するための必要等から、女性の職場進出は着実に増えていく。すでに述べたように、専業主婦の増大の過程は同時にパートであれ正職であれ、働く女性の増大の過程でもあった。その結果、六〇年から六二年にかけての第二次主婦論争では、家事労働の「経済的な価値」が論争の焦点となる。つまり「同じ私の労働なのに、職場での労働には賃金が支払われ、家事労働に賃金が支払われないのはなぜか」「なぜ主婦の労働には賃金がないのか」という問題意識の形成である。ここでは「家事は無償の愛だから」といった心情論をよそに、男性労働者に支払われる賃金の「家族賃金」としての性質や、男性労働力の再生とそれに必要とされる家事労働との不可分な関係などが議論のテーマとなった。

そして、一九七二年の第三次主婦論争では、逆に「専業主婦でいることの価値」つまり「専業主婦のアイデンティティの模索」が争点となる。OLを含むサラリーマンの30％以上が女性となり、「働く主婦」が一大勢力となったことから、ついに「兼業ではなく専業であることの意味」が問い返されずにおれなくなったのである。そして現実の世界でも、七五年から専業主婦比率の減少が始まり、九〇年代にはサラリーマン世帯で兼業主婦が多数派となる。

さらに、藤井によると、一九八〇年代後半から今日にいたる第四次主婦論争は、兼業主婦における「仕事と家事の両立」を主題としている。[*7] とりわけ九〇年代以降のリストラの急増は、男性の賃金のみで生活することの不安を高め、多くの女性を「働かずにおれない立場」へと追いやっている。そして、そのことがあらためて女性たちに「働くことの意味」「仕事と家庭」のかかわりを考えさせるきっかけとなっている。企業の女性差別に対する反発、税制や社会保障など専業主婦優先の諸制度への疑問が高まり、また「男女共同参画社会」という理念と現実とのギャップを問い返す動きも強まっている。また、女性が男性の賃金に依存して生きるという意味での「家族の時代」を乗り越え、女も男も経済的にも精神的にも自立する力をもち、そのうえで「結婚・独身」「同居・別居」「主婦・労働」などそれぞれの「生き方」を自由に考えようではないかという「個人の時代」のよびかけも行われるようになっている。

あなたは主婦を選択するか

最後に、若いみなさんへの問題提起にもどっておきたい。「永久就職」という言葉が死語になったのはいつのことだったか。結婚し「主婦になる」ことが「永久就職」であるためには、夫が死なない、夫が失業しない、夫と離婚しないという三つの条件が必要だという。しかし、実際には十九世紀までは死別が多く、他方で二十世紀後半になると離婚率が上がる。だから結婚が「永久就職」であり得たのは、世界史的には二十世紀前半というわずかな時期のことだった。[*4] また山田は「女性のフルタイム就労は、夫のためでもある」「専業主婦はもうその歴史的役割を終えている」と断言する。[*8] 高度成長期に主婦のいる家庭に「右肩上がりの生活」を保障した、終身雇用制と年功序列賃金はすでに崩れており、したがって、男性の賃金だけで「家庭の豊かな未来」を展望することはできない。現に、現在の40代・50代の世代では、収入の少ない（あるいはない）主婦のいる家庭は、多くがすでに経済生活上での「負け組」に属していると。

もちろん、自分の将来にどういう希望をもつのも個人の自由である。「主婦になるのが女の幸せ」「ノンビリ主婦で暮らしたい」。そう考えるのも自由である。しかし、どんな希望もその実現に必要な条件がなければ、現実になりはしない。すでに見たように、経済や社会の大きな変化の中で、女性の生き方をめぐる社会的条件は大きな変化を遂げてきた。その変化は今後も変わることなく続くだろう。そうであれば、これからの時代に、お母さんやお祖母さんの世代と違った「新しい女性の生き方」があることは間違いない。では、あなたが望む生き方はどのようなもので、その生き方を支えてくれる社会のあり方はどういうものだろう。それをじっくり考えるために、深く、しっかり学んでほしい。

読者のための参考図書

『近代家族の曲がり角』落合恵美子　角川書店　二〇〇〇
「主婦のいる家族」の歴史を「主婦というビジュアルの形成」も含めて多面的にとらえる。

『家族というリスク』山田昌弘　勁草書房　二〇〇一
過去の主婦とともに「主婦の未来」に焦点を当て「専業主婦の時代は終わった」と問題提起する。

コラム7

主婦の幸福感

心理学では、成人女性の幸福感や充実感についての研究がいろいろとなされているが[*1]、一般的に専業主婦に比べると、働く兼業主婦のほうが、高い幸福感や充実感をもっているといわれている。

働く母親は役割が多く（これを多重役割という）、仕事のことを心配しながら、子どもを寝かしつけ、ご飯を作るというように時間的にも精神的にも大きな負担を感じやすい。特に、子どもが小さいとたいへんだ。しかし、一方で仕事で得た対人関係能力や事務処理能力により、家庭になんらかの問題が生じたときにうまく対処できるようにもなるだろうし、収入により家事を外注することもできる。このように、一般に、仕事をもつことは女性の幸福感を高めている。とはいえ、すべての女性にとって、多重役割が幸福に結びつくとはいえないところが難しい。

それは、役割が多いだけでなく、どのような仕事をしているか、夫や子どもとの関係が良好かどうかなど（これを役割の質という）がかかわっているからだ。たとえば、日本では、出産で仕事を辞め育児から手が離れた頃にパートとして再就職する女性が多い。これは、そういう就労機会しかない社会の問題でもあるが、「子どもが学校から帰ってくるまでの時間を利用して」というように家庭を優先しようとするためともいえる。この働き方は、家庭と仕事を両立できるかのように思えるが、仕事内容より時間を優先しているために仕事に満足できず、また、子どもの世話を十分にできないという後ろめたさもあり葛藤を抱えている女性もいるという[*2]。つまり、役割の数だけでなくそれぞれの役割の質が、女性の幸福感に関連しているのである。一般に、仕事と家庭での役割の質のどちらかが良ければ、精神的健康が保たれる[*1]。

最近は、介護役割の及ぼす影響についての検討もされるようになった。現代の日本は高齢社会を迎え、介護保険なども導入されたものの、依然として介護の大きな担い手は女性である。そして、この老親介護役割は介護を担う女性にネガティブな影響をもたらしているという。[*1]

たくさんの役割をこなしていると大変なのだが、好きな仕事に打ち込むお母さんは、そうではないお母さんに比べると充実した人生を送っているといえるかもしれない。しかし、女性が収入・家事・育児のすべてをがんばればいいというものではない。男性も多重役割や役割の質から同じような影響を受けており、妻と夫の両方が収入と家庭役割を仲良く担うというのが幸せな家庭を築く大切な条件なのかもしれない。

（森永康子）

引用文献

＊1 「仕事と家庭の多重役割が心理的側面に及ぼす影響：展望」小泉智恵『母子研究』、18、42-59. 一九九七

＊2 「〝働く母親〟、多重役割の心理学」土肥伊都子『社会と家族の心理学』東洋・柏木惠子（編）ミネルヴァ書房 一九九九

コラム8

新しい女性史研究と「主婦」の誕生

〈学びあう女と男の日本史〉

日本の女性史研究は、一九八〇年代以降、大きな発展を遂げてきた。その成果をふまえた入門書、『学びあう女と男の日本史』[*1]では、原始から現代まで四十七のテーマを設定し、ジェンダー論の視点から新しい研究動向をふまえた歴史像を提示している。「江戸時代の恋と結婚」という項目を見ると、幕府の『御仕置例類集』という裁判記録をもとに、次のような夫婦の事件が興味深く紹介されている。

天保二年（一八三一）、ある農民の妻が四国巡礼に出ている間に、夫が別の女を家に引き入れているのを突然帰宅した妻が見つけた。驚いて逃げだした夫を、怒った妻が出刃包丁を持って捜し回り、夫を見つけだして負傷させるという事件が起こった。

幕府法の『公事方御定書』には、夫を負傷させた

妻は死刑に処すという規定はあるが、それは、男と密通した妻の場合であって、このような事件は想定されていなかった。そこで幕府は、妻の行為は夫の不誠実なあり方が原因と見なして妻を死刑より軽い重追放とし、夫にも五十日手鎖（禁固刑）の処罰を与えるという決定を下した。従来の判例では、夫の婚姻外の性的関係は、取り立てて「密通」とされてこなかったのに対し、新しい判例では夫のいない女との「密通」と位置づけた点が注目されている。

このような判例変更が生じた社会的背景として、結婚決定における親の権威の喪失や、女性の生き方の可能性の広がりの中で、夫と妻の関係にもまた変化が生じた結果、それが幕府の社会秩序意識（立法意識）にも影響を及ぼしたことが指摘されている。

近世社会では夫の家長権が強く、妻は夫に支配されていたというイメージが流布している。しかし、現実には育児や衣食住の家事全般を取りしきる妻の役割と権限は、けっして小さくなかった。

曽根ひろみ「近世の女性の新発見」[*2]は、江戸時代の法制史・政治史の視点から次のように述べている。

これまでの研究では、一夫多妻制と密通法、嫡子単独相続制など、幕藩法がいかに女性を規制し抑圧したか、公権力がいかに儒教的倫理を強制し、公的な活動領域から女性を排除し差別したかという議論が支配的であった。しかし、近年の研究では一定の政治的・公的役割を果たす女性の実像を明らかにしようとする傾向が顕著である。とりわけ、これまでは一切の政治的領域から排除されたと見なされてきた武家女性が、一定の政治的・公的役割を果たした事実が明らかにされつつあるという。

〈「専業主婦」の誕生〉

人間は太古の昔から、男と女とを問わず、生きていくためにさまざまな労働に従事してきた。その歴史的変化に注目すると、生産と消費が分離していなかった前近代社会では、男と女は互いに連帯し補完しあいながら協力して働いた。特に農村では、男女ともに汗を流して働く姿がごくふつうであった。宮本常一が全国的な民俗調査をふまえて指摘したように、「日本の民衆社会では、夫婦共稼ぎはごくあたりまえのこととされてきた。そして、そういう世界では特に男が権力をふるうようなこともなかった」という。[*3]

「主婦」という言葉は何千年も昔から存在したものと思われがちだが、こうした単純な理解は誤りである。歴史的に見ると、近代ヨーロッパで始まった産業革命後、今日的な意味での「主婦」が誕生したという見解が一般的である。それ以前、武家の妻女は「奥さま」、商家や農家では「おかみさん」などと呼ばれた。「専業主婦」という呼称は、一九一〇〜二〇年代にようやく一般化し、『主婦の友』などの婦人雑誌も創刊されるようになった。

（真栄平房昭）

引用文献
＊1　『学びあう女と男の日本史』　歴史教育者協議会（編）　青木書店　二〇〇一
＊2　「近世の女性の新発見」曽根ひろみ　『日本史研究最前線』　新人物往来社　二〇〇〇
＊3　『女の民俗誌』宮本常一　岩波書店　二〇〇一

第六章　母性は女性の本能か？

女性―産む性―母性―育児性という罠

セックスとしての女性は、子どもを産む性である。子どもを産むと女性は母となる。そして母親は育児に携わるものとされている。このベルトコンベヤー式の構図を、多くの人があたりまえのようにとらえている。しかし、それは本当だろうか。女性にはいろいろな生き方があるはずだ。まず、産む権利、産まない権利がある。それについては第八章のコラム14に譲ろう。また、パートナーとの関係も含めて、不妊という可能性もある。環境ホルモンの影響で精子の数が減っていることが取り沙汰されている。それらのハードルを越えて子どもを産むと自動的に母親となる。そこは疑問の余地がない。しかし、母親と母性は、はたして表裏一体のものだろうか。これについてはあとでじっくり考えてみよう。

では、次の育児の問題だ。母親は誰しも育児に向いているのか？　育児に適している傾向を仮に育児性とよんでおこう。女性―産む性―母性―育児性という直線的な図式。これを疑ってみる必要はないだろうか。母親になったら、育児に専念する？　それはそんなに当然のことだろうか。出産前に仕事をもっていた女性ならば、さまざまな可能性を考えることができる。保育所、保育ママに子どもを預けて仕事を続ける。パートナーである父親が育児に向いていれば、彼に育児を任せて彼女は家庭の外で働く。ふたりの育児性に大差がなければ、とにかく一緒に育てながら、ふたりとも仕事を続ける、などなど。

ところが、実際にはほとんどの場合、両親がいれば、育児は母親の仕事と見なされている。しかも世間の評価は、仕事をもっている母親よりは、専業の母親に対して圧倒的に高い。立派に子育てしてこそ「良妻賢母」、という社会通念は根強いものがある。しかし、実際にどれだけの母親が、「賢母」に専念することに満足しているのだろうか。特に出産以前に働いていた人ならば、家庭で子どもと向きあっているうちに、社会から取り残されてしまうような焦りや寂しさを訴える人は少なくない。「教育ママ」が現れたのは、子どもを通してしか自己実現できなくなってしまった結果ではないのだろうか。あるいは、子どもが受験に失敗したからといって被害妄想に陥り、合格した知りあいの子どもを殺してしまった母親の事件。残酷な事件であるにもかかわらず、犯人である母親に対する同情の声は少なくなかった。それは子育てを生きがいにするしかない母親への共感だったようだ。そして育児ノイローゼや幼児虐待、育児をめぐる閉塞感が生みだす問題はどんどん増えている。「賢母」であることは、けっして誰にでもできる簡単なことではないのだ。

女性—産む性—母性—育児性という図式の最後の部分、育児性について、それを母親の役割だと限定する理由はなんだろうか。たとえば、母乳が子どもの成長に与えるプラスの効果を研究している例は、少なからずある。しかし母乳が十分でなく、粉末ミルクで育った子どもが、著しく何かの障害を抱えているわけではない。むしろ、粉末ミルクのほうが良いのだともてはやされた時代もあった。それから授乳に関しては、昔なら乳母が母親代わりをすることも、めずらしくなかった。母乳は産みの母親のものでなくてもかまわないし、今では母乳を冷凍して保存することもできるので、授乳は誰にでもできるわけだ。それならば、なぜ母親は、当然のように育児にいそしむことになっているのだろう。それは、たとえば、父親でも十分に果たせることのはずだ。

蜷川幸雄という演出家の名前を聞いたことがあるだろうか。今や世界のニナガワとして、鬼才とまでいわれる人である。あるテレビインタビューで、仕事がなかった若かりし頃、いかに自分が手塩にかけて、子どもたちを育ててあげたかを、誇らしげに話していた。胸をさぐられて泣かれたときには、途方にくれたよ、とおどけてみせてはいたが、子どもが泣く理由はごまんとあるし、乳房が恋しいときに与えられなかったからといって、子どもがぐれたわけでもない。マスキュリンな舞台の権力者である演出家の意外なフェミニンなエピソード、として話題に出されたのかもしれないが、ここから学ぶことができるのは、育児性と女性であることは分けて考えることができるのだ、という事実である。

育児性と労働のジェンダー化

先の蜷川氏が、育児性を発揮することができた背景には、彼に俳優・演出家としての仕事がなかった、という事情がある。そして彼のパートナー、つまり子どもたちの母親は、家庭の外に仕事をもっていたのである。だから彼らは外でお金を稼いでくることと、家庭で家事育児を受けもつことを、分業したのだ。そしてそれぞれが自分の担当する役回りに、責任と誇りをもっていた、ということだ。しかし、これが一般的なジェンダーのパターンでないことは事実だ。

第五章で論じられたように、近代以降の日本社会では女男の分業制が確立されている。それは仕事を、これは女性向き、これは男性向き、とジェンダーによって区別するジェンダー化がなされているからだ。そして家庭の中の仕事は女性のもの、家庭の外の仕事はその多くがサラリーマンである男性のもの、という固定観念が根強い。だから、家庭内労働の中でも、育児という仕事は、女性の領域としてしっかりと位置づけられている。

父親になった知人から、この子のために今後より一層良い仕事をしたい、つまり社会で認められるような立派な業績をあげたい、といった決意をつづった年賀状を受け取ったことが何度かある。一方、家庭の外で働いていて、母となった女性（知るかぎりではパートナーのいる女性）からは、そういったコメントを聞いたことがない。出産後、多少の育児休暇を経て仕事に復帰しても、しばらくはペースダウンをせざるを得なかったり、一時的な休職のはずが事実上、退職につながったりするケースはいくらでもある。もちろん専業主婦に転職（転身）するためである。専業主婦で母親になった人からは、育児に追われています、みたいな便りが多いけれど、たぶんそれは自分の担当部分の仕事を一生懸命やっています、ということなのだろう。でも、うちでは妻と夫が分業体制をとっていまして、私は家庭の中での仕事を選びました、なんて選択肢があった母親はいるのだろうか。あるいは、選択肢があっていい、と考えた夫婦はどのくらいいるのだろうか。ほとんどの人は労働のジェンダー化を、あたりまえのものとして、無意識に受け入れているだけなのではないだろうか。

母性神話と母親であることのズレ

さて、女性―産む性―母性―育児性の母性という言葉だが、これは、母親であるということを前提としていない。むしろ前提とされているのは、母性の持ち主が、女性であることだ。たとえば好みのアイドルを話題にするとき、「彼ってなんだか頼りなさそうだけど、そこがいいのよね」「そうそう、母性本能をくすぐるっていうか」「なんか、こう守ってあげたいって感じよね」といったやりとりを聞いたことがないだろうか。この場合、話題のアイドルは男性で、彼のファンが女性であれば、この会話はごく当然のように聞こえる。母性本能という言葉を使うのに、もちろん、彼女が実際に母親である必要は、まったくない。ここでは、女性には母性というものが無条件に備わっている、しかもそれは本能として、つまり生来もって生まれるものだ、ということになっているのだ。ではなぜ、母性という言葉が、母親であるということから切り離されて、女性であるということに寄り添って、用いられているのだろうか。

あなたは、母性という言葉から、どんな連想をするだろうか。たとえば、何もかも包みこむようなあたたかさ、許しと癒しを与える寛容さ、子どものために無償の愛と献身を注ぐやさしさ。女性ならば当然、そういったものを生まれながらにもっているはず、という思い込み。これが母性神話だ。神話というのは、民間伝承や伝説、ときには迷信のようなものが、世界の成り立ち、世の中のしくみを説明するのに使われ、いつのまにか事実であるかのように、普遍性をもたされて広く定着しているものだ。だから、母性神話は、母親や女性は、子どもにやさしく、愛情深く、自己犠牲をもいとわないものだ、というイメージをうえつける。

しかし、ちょっとここで考えてみよう。あなたのお母さん、あるいはあなたの知りあいの、実際に母親として、子育てを引き受けている人々のことを。そこで見えてくるのは、母性神話と実際の母親業とのズレである。育児という仕事は際限のない大仕事だ。膨大な時間と体力と気力を要する、この育児という仕事は、母性神話がうたうように、子どもの無垢な笑顔、日々の成長に喜びを覚え、親子のきずなを無償の愛と慈しみのうちに結ぶ、などという夢物語ではけっしてない。皆、子どもを追いかけて、眠い目をこすりながら、少しは自分の時間もほしいと思っているはずだ。母親であることと、母性神話を生きることとの間には、大きなギャップがあることを、私たちは認めなければならない。

母性神話はフィクション

この圧倒的な育児、という現実の中で、母性神話は、どこにどのように、取り込まれているのだろうか。育児にまつわる問題が、多様化し多発している。育児ノイローゼ、児童虐待、はては子殺しまで。母親たちに何が起きているんだ？　と問う声があがっている。彼女たちにまったく責任がないとはいわない。しかし、彼女たちをそこまで追い込んだ、まわりの状況はどうなっているのだろう。育児をめぐる近頃の問題は、じつは、社会全体が、実態のない母性神話にあぐらをかいてきたことへのしっぺ返しを受けている、と考えられるのではないだろうか。

現代の育児システムは基本的に、母親の実態ではなく、母性神話のうえに成り立っている。母親は子どもに尽くし、やさしく接するのがあたりまえ、それができない母親は母性を欠いている、母親として失格、さらには人格破綻者として烙印を押されかねない。しかしすべての母親が子育てに向いているとはかぎらない。多くの場合は、暗黙のうちに夫／父親との分業を受け入れているだけではないだろうか。こうして、母親の日常に押しつけられた母性神話は、現実とのギャップを生み、育児上のストレスを生む原因となる。

母親は皆、母性にあふれ、子どものためなら時間と手間を惜しまない、という思い込み、つまりフィクションが公共の育児、教育機関にも浸透している。給食ではなく、お弁当がいるとなれば、料理の苦手な母親だって、早起きをして、子ども用のメニューを作る。しかも日本は食文化が発達していて、栄養のバランスがとれていればいい、というものではない。見た目にかわいく、食べやすく、とりんごがうさぎになったりする。子どもは、おかずの交換などもする。こうしてまた母親たちは、お弁当の献立に頭を悩ませる。「料理の得意なお母様は、どうぞ自発的にお子さんに、お昼ご飯を持たせてください」というのではない。それは社会の制度として、保護者の、そしておおむね母親の義務とされているのだ。一体なんのために母親たちは、早朝からのお弁当づくりに駆り出されているのだろう。それはどうも、制度化された母性神話に追いつくためのようだ。

アメリカでは、昼休みのランチは、たいてい軽いサンドイッチなどですまされる。栄養上の問題はさておいて、学校に上がるようになれば、子どもたちは薄いパンにピーナッツバターとジャムをぬってはさむ。なんといっても人気のメニューだ。それにバナナやりんごでもあれば(もちろんまるかじりだ)十分で、なんの飾り気もない小さめの紙のブラウンバッグに入れれば、お弁当のできあがりだ。私が高校生のときにお世話になったアメリカの家庭でも、ホストマザーはとても料理が上手だったけれど、とにかく、日本のような手づくり弁当などという文化がないのだ。私も適当にサンドイッチや果物を、時には生野菜が食べたくてにんじんをまるかじりしていた。帰国して、生のにんじんをまるごとポリポリやっていたら、そんなもの食べていたの? とまず、私の母が驚いた。中学、高校時代と、お弁当を作ってくれた母にはもっと感謝すべきだったかもしれないが、お弁当が母性愛の象徴だといった世間の風潮は、日本の母親たちに大きな負担を与えている。

そしてもうひとつ、日本で忘れられがちなのは、子どもの世話をしているのは母親とはかぎらないことだ。いろいろな事情で父子家庭の父親、あるいは祖父母に、十分な愛情を受けて、育てられている子どもだっている。しかしながら、社会のシステムは、子育ては母親の仕事だと決めつけているようだ。シングルペアレント世帯（親が一人の家庭）、兼業主夫、兼業主婦にとって、母性神話は、大きな負担であることは間違いない。しかし、社会システムの母親への依存には、母性が大義名分として使われているのだ。どうやら日本の社会全体が、母性神話に甘えているのではないだろうか。文化が違えば、何が大切かという基準が違ってくるし、それを表現する方法も変わってくる。母性神話は多くの社会に定着してきたと考えられるが、だからといってそれを事実として肯定する必要はない。このフィクションが、日本の社会的、文化的土壌の中で制度化され、育児に携わる多くの人々に、不当な負担を強いていることこそが事実なのだ。

今どきの子育て

育児が人間にとって重要な仕事であることは、種の保存のため、という生物学的な見地からも明らかである。同時に、国家の繁栄のため、という社会的なある種の操作がかかわっていることも事実である。出生率（第四章参照）が二〇〇四年には1・29人まで落ち込み、[*1]少子化が進む日本の政府は、国力の衰えを防ぐため、次世代の労働力の確保に頭を悩ませている。

また、この育児というプロセスを産業化する向きも見られる。少子化時代にあわせて、家計のうちの食費が占める率を数字で示すエンゲル係数をもじって、子どもの養育にいくらお金をかけるか、というエンジェル係数、という造語もある。そして、育児産業があおるのは、育児はこうあるべき、母親はこうあるべき、というモデルである。しかもそれは、商品として魅力のあるモデルであって、育児という営みを支援するためのものでは必ずしもない。こうして胎教用BGMのCD、マタニティ水泳教室、各種の豪華なサービスを提供する産院、子供用ブランド衣料などが、新しい市場を開拓する。そういった商品や情報が氾濫する中、いったい何が自分の子育てにとって大切なのか、選ぶほうも大変だ。

たとえば、核家族化によって損なわれた、育児のための情報とネットワークは、テレビ、育児雑誌をはじめとするマスメディアにとってかわられている。多くの育児書が、さまざまな望ましい育児の過程、方法をうたいあげる。しかし、実際には教科書通りにものごとが運ぶわけではない。離乳やハイハイの時期には個人差があって当然だ。しかし、母親にとっては、そういうズレは、何かの障害なのではないか、と不安の原因になることも多い。そういった不安が母親にとって大きなストレスとなり、そのストレスの矛先が、子どもに向かうとき、児童虐待につながってしまうことも多々ある。あるいは、親子関係のみならず、夫との関係、家族との関係、本来助けあうべき近隣の母親たちとの関係にも、悪影響が出かねないのである。

近代家族が確立する以前、母親は、拡大家族の中で、家庭で不払い労働に携わる兼業主婦であるのがあたりまえだった。しかし現代では、育児そのものの大変さに加えて、母性神話のもとに、母親にその責任と実務が集中している。その結果、特に専業主婦の場合、たとえ良い母を演じきって「賢母」とほめそやされても、子どもが独り立ちしてしまったあとには、自分に何も残らない、自分の生きがいが見つけられないという「空の巣症候群」に陥ったりしてしまう。理想化された概念としての母性を、育児の現場にいる等身大の母親に押しつけることが、母親たちの生き方に大きなひずみを生み出しているのだ。

子育ては一過性のものだ。やがてはお互いに、子離れ、親離れするものである。そのときに、自分の中の空虚を、育児に専念していたことを理由にするわけにはいかない。自分は母親業に専念することを選んだ、という人もいるだろう。しかし、社会の状況をよく見てほしい。本当にその人は選んだのだろうか。世間の風潮に、母性神話に、無意識に「選ばされていた」のではないだろうか。たしかに育児は大変な仕事だ。だからこそ、ひとりで抱えこまずに、夫との分担、近隣の人々との相互協力、子ども同士の横のつながりを大切にしていけば、仕事をしながらでも、十分な子育てができるはずだ。母親を押しつぶすような母性神話は必要ない。自分の生き方をもっていてこそ、母として、女として、人間としての幸せが見いだせるはずだ。

ジェンダー・フリーな社会における育児

このように、多くの女性が、育児の負担を背負い、悩み、苦しんでいる、ジェンダーに縛られた社会制度を変えていかなければ、少子化、高齢化、不況の続く私たちの未来は暗澹たるものに見える。ジェンダー・フリーな社会での育児にとって、まず大切なのは、育児が、社会的認知におおいに値する、立派な仕事として尊重されることだ。社会の基盤をつくっているのは、生物学的再生産である。その過程をジェンダー化したままでは、少子化が進むことはやむを得ないだろう。

母性神話がフィクションであることを認めるのは、重要なステップである。同時に、三歳児神話がフィクションであることも認めるべきだろう。子どもが三歳になるまでは、母親がぴったりとそばにいて、あふれんばかりの愛情を注ぎこんでこそ、健全な人格形成がなされるというものだ。[*2] 乳幼児と親との関係については、医学的、発達心理学的研究などが、さかんになされている。子どもの発達にとって、三歳までが重要な時期である、という研究もあるのだが、しかし、三歳児神話を科学的に裏付ける結論は、まだ見当たらない。母乳の効用をうたう研究についても同じように、諸説紛々というのが現状である。しかし、実際にこれらのフィクションが社会でどう機能しているかというと、簡単にいえば、働きたい母親を、家庭に縛りつけているのである。少子化を嘆く声とともに、母性礼賛の声が高々と聞こえるとき、そこには国力の衰退を憂うる、何か政治的な操作が行われているのではないか、と勘ぐるのは見当違いだろうか。

必要なのは、次世代の再生産を社会全体でサポートしてゆく、そういった体制にシフトしてゆくことではないだろうか。そして育児性のジェンダー化をつき崩すには、家庭の内外を問わず、すべての労働を、ジェンダーから解放してやらねばならないだろう。何も、すべての仕事に、女男が平等につくべきだというのではない。基本的には、個人が性別で差別されることなく、それぞれの才能と志向が最も優先されるのが、理想的な、ジェンダー・フリーな社会だろう。

もし、社会がそのようにジェンダーによる亀裂を克服することができれば、母性と育児性の、いびつな関係も改善されるだろう。母性を理想化する必要もなければ、育児性を社会的貢献度の低いものと卑下することもない。つまり、育児に向いている人間が育児に携わる時期を選ぶ、その際、性別は問わない、それだけである。女性だから、産む性だから、生まれながらに母性を備えているから、育児性にたけている？　そういう神話には、さよならしてもいい時代だ。結果的に、ある町では、育児に携わる女性が99％となって、また、他の町では育児に携わる男性が99％、となったとしても、それが当人の選択であれば、問題はない。そして、前者なら残りの1％の男性と、後者なら1％の女性と、皆が一緒に分けへだてなく育児にいそしむことができる、そんな社会をつくれないだろうか。親がいきいきと育児に取り組める社会。そういう環境こそが、子どもの成長にとっても、最も望ましいものとなるだろう。

読者のための参考図書

『母性を解読する』母性解読講座（編）　有斐閣　一九九一

母性をめぐる歴史、法律、科学、フェミニズム、社会との関連を鋭く分析した入門的好著。

『窒息する母親たち――春奈ちゃん事件の心理ファイル』矢幡洋　毎日新聞社　二〇〇〇

一九九九年、都内で起きた女児殺害事件を、心理学者が実行犯を分析することで主婦／母親像に潜む社会の病理を告発している。

『母性を読む――メロドラマと大衆文化にみる母親像』E. A. カプラン　水口紀勢子（訳）　勁草書房　二〇〇〇

アメリカの大衆表象文化における母親像を、精神分析の手法を使って分析している。用語はやや難解だが分析対象は親しみやすい。

コラム9

生まれながらの養育者 vs. 主要な養育者

生命を与え、保護する女性は「生まれながらの養育者」としてふさわしく、常に子どものことを思いやり、愛他的態度で世話しつづける、と信じられてきた。ながらく人々は、そうした重要人物は母親であり、いわゆる実の母でなければならない、そうでなければ、欠陥があるか異常であるという思い込みに捕らわれてきた。今日、このような思い込みは「母性神話」とよばれている。

子どもの心身の発達については、おびただしい研究がなされてきた。彼らの発達途上における献身的育児は重要で、とりあえずは、早期においては必要であることが強調された。精神的、心理学的な発達について、母子一体論や愛着論などから発達論を説いた精神分析学者のフロイトやボウルビイら男性学者に対しては、フェミストたちが鋭い批判を行った。それは彼らが「生まれながらの養育者」と「女性性」とを同等にとらえ、「理想化された母性」の価値に女性を当てはめ、ジェンダーの呪縛に追い込んでいったからであった。

近年、母性神話の思い込みは幻想でしかなく、ジェンダーの呪縛こそゆがんだ認識であることが理解されてきている。こうした変化に影響を及ぼしたのは、育児困難から、育児不安や育児ストレスを訴える母親や、子ども嫌いで、子どもを産みたくないと口にする女性たちの出現である。今までタブーともされてきたことを彼女たちが言語化したことにより、母性神話が崩される力になった。これは一九九〇年頃からの現象だといわれている。

続いて、子どもの発達研究の論者らも、論述の中では、子どもを保護し、育てる母的な人を「生まれながらの養育者」といわず、実の母親であっても、「主要な養育者」あるいは「母性的養育者」という言葉でよぶことが多なってきたようである。また、昨今の男女共同参画を推進しようとする社会的背景は、母親に代わって、子どもを愛し世話をする人の可能性の範囲を、父親、祖父母、保育者、あるいは地域や環境全体というように、従来の固定的な考えに固執しない主張へと方向づけている。

ところが養育や育児に関しては、意識改革や制度の変革の取り組みだけで解決されるという単純な問題でないことも気づかれており、今一度、親子関係の深層心理を問い直し、親と子、家族、子育ての本質的な理解が試みられている。たとえば、わが国の精神分析の始祖とされる古澤平作が一九五〇年代に、フロイトのエディプス・コンプレックス論とは異なった東洋的な母子関係の心理について、仏教における観無量寿教の中の「阿闍世（アジャセ）物語」から示唆を得て、母性を検討したことに、再評価がなされている。[*1] この物語のあらすじは、古代インドの王族の、父王と妃である母、緯提希（イダイケ）夫人の利己的な欲望から生まれた王子、阿闍世が自らの出生の秘密を知って、怨念をつのらせ、父王を幽閉し、母をも殺そうとした。王子は罪悪感から恐ろしい悪臭を放つ皮膚病を患う。そうした王子を献身的に看病したのが母であった、というものである。この物語における親が子を排除の対象とする心性、親子間の罪悪感、母親のエゴイズムに対する子どもの怨念、母親の煩悩、母親の女性性と母性、怨念を受容し、主体的な母性を創造する母親、など、さまざまな局面が再検討、再評価の対象とされ、献身的育児、脱献身的育児にまつわる母性の論議のいずれにも、偏った視点を排し、ジェンダーを乗り越えた、真に人類にとって重要なものの本質を見極める試みがされている。

（丸島令子）

引用文献

*1　『阿闍世コンプレックス』小此木啓吾・北山修（編）創元社　二〇〇一

コラム10

十九世紀　イギリス小説の母親像

　十八世紀までに確立した近代家族制度は、家父長制というジェンダーによる権力関係を根底に組み込んでいたが、それは女性を核家族家庭という新領域において、男性（父・夫）に対して従属的周縁的な関係に置いた。このことは近代家族制度の成立と共に生じてきた近代小説における母親像に反映している。初期小説において母親は大抵すでに死亡しているか、もしくは生きていても「産む性」というだけの存在で周囲にほとんど影響を及ぼさない希薄な存在なのだ。十九世紀小説においても、母親は基本的に不在と周縁性に特徴づけられる。ただ時代がくだるにつれ母親の育児役割が強調されるようになり、それにつれて母不在が強く意識されるようになる。愛情深い母親、賢母が称揚されるのもこの時代だが、理想的な母親像は意外に少なく、登場してもほとんど永続性をもたない。代わって顕著なのは育児機能を果たさない問題的な母親である。この否定的母親たちは、悪意や狡猾さというより、無知あるいは無責任において嘲笑の対象となるか、さもなければ主人公の悲惨、不幸の原因としてなんらかの懲罰を受けることを特徴とする。

　十九世紀の小説において孤児が主人公であることが多いのは、母親がいかに軽視されていたかを反映するものである。たとえばサッカレーの『虚栄の市』（一八四八）においてレベッカの孤軍奮闘を可能にするのは母親がいなければこそだ。だが同時に母親の不在が主人公を悪女にしているという因果関係は母役割の意識程度を示すものとして見逃せない。この構成は多くの小説においても同様だ。中心的出来事となる主人公の苦労や不幸は、母親の不在もしくはその育児機能不全によって生じているのだ。たとえばディケンズの『ディヴィッド・コパーフィールド』（一八五〇）の主人公の不幸は愚かな母親が冷酷な男と再婚したことから始まるし、シャーロット・ブロンテの『ジェイン・エア』（一八四七）の代母リード夫人はジェインの不幸の最初の原因なのである。

　この時代のもうひとつのトポスは嘲笑されるべき母親だが、導入は写実的小説の名手ジェイン・オースティンの功績だ。オースティンの文学的功績は人間の愚かさに対する卓抜な観察力と風刺にあるが、たとえば子の危機を平気で招きそれと気づかない愚かな『高慢と偏見』（一八一三）のベネット夫人のような狭量で理解力の浅い母親の現実を鮮やかに描ききることによって、育児責任を果たさない母親の重大な意味を明示的に示す手段を世に明らかにしたのである。やがてディケンズはこの路線を最大に生かすことになる。たとえば家庭外の遠大な「仕事」に没頭するあまり足元の家庭の大混乱にまったく気づかない『荒涼館』（一八五三）のジェリビー夫人や、あるいは暴力的なまでに家事育児をこなすことによって子供を震えあがらせてしまう『大いなる遺産』（一八六一）のガージャリー夫人などを生みだすのである。

　一般に十九世紀イギリス小説の母親像は否定的表象を通して矯正が意図されるジェンダー役割強化装置といえる。だがそれだけではない。というのは、否定的母親像を通してなぜ母親が役割を果たし得ないのか、その理由をより分析的に描こうとする知的な態度が深まってゆくからである。上記『デイヴィッド・コパーフィールド』に登場するスティアフォース夫人は、かたくなで盲目的な愛情のゆえに自慢の息子を失う愚かな母親だが、彼女の問題は息子に対する心理のゆがみの問題としてとらえる病理的な観点がうかがえる。あるいはジョージ・エリオットの『ダニエル・デロンダ』（一八七六）の場合、作家は母親としての責任を放棄したレオノラを自己中心的と断罪しつつも、知的な彼女を通して、女性の幸せが子育てという小さな世界に「纏足《てんそく》のように」制限されている社会の現実、それに対する不満や母になる以外の人生を望む欲望という内面の現実を示し、母親の逸脱にはたんに道徳的欠陥に帰せられない複雑な事情が存在することを暗示するのである。母親を女性の主体的体験として描き、制度の意味をとらえ返すことができるようになるのは二十世紀も後半であるが、十九世紀はそれへ向けての助走期間ともいえるのである。

（溝口　薫）

参考図書
『大いなる遺産』C. ディケンズ　山西英一（訳）　新潮社　二〇〇一
『虚栄の市』W. サッカレー　三宅幾三郎（訳）　岩波書店　一九九七
『高慢と偏見』J. オースティン　中野好夫（訳）　新潮社　一九九七／富田彬（訳）　岩波書店　二〇〇一
『荒涼館』C. ディケンズ　青木雄三・小池滋（訳）　筑摩書房　一九八九
『ジェイン・エア』C. ブロンテ　遠藤寿子（訳）　岩波書店　二〇〇一
『ダニエル・デロンダ』G. エリオット　淀川郁子（訳）　松籟社　一九九三
『ディヴィッド・コパーフィールド』C. ディケンズ　中野好夫（訳）　新潮社　一九八九／石塚裕子（訳）　岩波書店　二〇〇三

コラム11

育児性のバラエティ

母性に縛られない育児性の可能性を、ここではアメリカの大衆文化——映画の中に探ってみよう。もちろんこれらはフィクションであるから、現実そのものではないのだが。まず一九七九年の大ヒット作、『クレイマー、クレイマー』[*1]。主人公は、家事と育児を一切妻に任せ、家庭をふり返ることのない、仕事一筋の父親である。しかし、ある日突然妻に去られた彼は、徐々に家事能力を身につけ、一人息子との共同生活にささやかな充足感を見いだしてゆく。妻が罪悪感にかられて息子を取りもどそうとするところなど、母性神話がちらつく部分もあるが、アカデミー賞五部門に輝き、育児に奮闘する父親像を描いた草分け的作品である。

同じ父子ものでは、一九九三年の『ミセス・ダウト』[*2]も秀逸である。声優の父親は職を失ったうえ、インテリアデザイナーの妻に離婚を言い渡され、三人の子どもたちの養育権を失う。もともと子煩悩な彼は、高齢の英国人家政婦になりすまし、子どもたちの成長を見守る。やがて正体がばれてしまうが、彼は父親としての権利を妻に認めさせるにいたり、英国人婦人のキャラクターで子ども向けテレビ番組の人気者となり、親子のきずなの深さをしみじみと語る。当初、彼の育児性は女装というフィルターをかけなければ、受け入れられなかったと考えられるが、最終的にはありのままの父の姿と育児性が融合する。ただしテレビ番組の中では女装キャラクターがそのまま使われていることを考慮すると、人々の固定観念はそうたやすく変えられないこともうかがわせる。

これらの作品はともに男性が期せずして、あるいは望んで、育児に全面的に携わり、女性・母親以上に優れた育児性を披露するのだが、コメディとしての構成は、ジェンダー・ロールを逆にすればこんなドタバタが起こるのだという意味で、ジェンダーの枠組みを超えるものではない。

他方一九八三年のトニー賞受賞ブロードウェイ作品をほぼ同じスタッフで映画化した一九八八年の『トーチソング・トリロジー』[*3]は、主演のハーベイ・ファイアスタインが、自伝的作品として書きあげた脚本だけあって、自分がゲイだと気づくことによって引き起こされる、母親との確執など、さまざまな人間模様を丁寧に描いた秀作である。主人公アーノルドは、最愛の恋人を失ったあと、バイセクシュアルの昔の恋人が、ゲイとして生きようと決意するのを受け入れて、同居を始める。こうして、同じくゲイの養子の少年を交えて三人の家族生活が始まる。アーノルドの「母親ぶり」はやはりコミカルに描かれているが、ゲイとして、また人間としての尊厳を貫こうとする彼の生き方は、ジェンダーを超越した一個人の姿としてとらえることができる。

女性の母性神話は、アメリカ大衆文化の虚構の中枢に位置づけられているためか、それをくつがえすような作品はいまだ特筆すべきものが見当たらない。あえてあげるならば、一九九八年の『グッドナイト・ムーン』[*4]は『ミセス・ダウト』と同じクリス・コロンバス監督の作品で、原題が示す通り「継母」

を取りあげて、育児性をめぐる実母と継母の葛藤を描いている。育児は女性の仕事というジェンダー・パターンは旧態依然としており、離婚した実母は専業主婦、新しい継母はプロの写真家としてのキャリアを投げ打つことになる。しかし、継母の中に生まれ育ってゆく育児性と子どもへの愛情は、やがて二人の女性を結びつける。その意味で、血縁や離婚を超えた新しい家族のあり方と絆を提言するコロンバス監督の視点は十分興味深い。　（三杉圭子）

参考資料

＊1　『クレイマー、クレイマー［Kramer vs. Kramer］』監督ロバート・ベントン　脚本ロバート・ベントン　出演ダスティン・ホフマン、メリル・ストリープ他　一九七九

＊2　『ミセス・ダウト［Mrs. Doubtfire］』監督クリス・コロンバス　脚本ランディ・メイエム・シンガー、レスリー・ディクソン　出演ロビン・ウィリアムズ、サリー・フィールド、ハーベイ・ファイアスタイン他　一九九三

＊3　『トーチソング・トリロジー［Torch Song Trilogy］』　監督ポール・ボガート　脚本ハーベイ・ファイアスタイン　出演ハーベイ・ファイアスタイン、アン・バンクロフト、マシュー・ブロデリック他　一九八八

＊4　『グッドナイト・ムーン［Stepmom］』監督クリス・コロンバス　脚本ジジ・リバンジー他　出演ジュリア・ロバーツ、スーザン・サランドン、エド・ハリス他　一九九八

第七章 仕事にまつわるジェンダー・ギャップ

職場の中のジェンダー・ギャップ

今や「働く女性」の数は二、七五三万人。中心は自営業者などを除くサラリーマン・ＯＬなどの「勤め人」で、その数は二、一四〇万人に達する（二〇〇〇年現在）。これは男性を含めたすべての「勤め人」のちょうど40％にあたる。その内訳を見ると、パート・派遣・嘱託・アルバイトなどの「非正規」が九二二万人を占め、男性の一八一万人を大きく上回っている。そのような特徴はあるが、女性の「勤め人」合計は一九六〇年で七三八万人、七〇年で一、〇九六万人、八〇年で一、三五四万人、九〇年で一、八三四万人と、戦後ほぼ一直線に増えている。[*1]

ところが、それに比例するかのように、深刻な被害を生んでいるのが、職場の中のジェンダー・ギャップ。歴史的・文化的に形成された性差（ジェンダー）が、ここでは「男はおもな業務、女は補助的業務」という性別分業として現れる。そして、この分業が往々にして女と男の「上下関係」や「権利の違い」と結びついていることから、男女の差別的な扱いが生じる。実際、働くうえでの能力ではなく、「女性である」ことのみを理由とした賃金差別・昇進差別が行われ、差別された女性たちが裁判を起こすことで、その違法性が明らかにされることも多い。残念ながら、日本の企業社会には「女を男より低く扱う」人権問題としてのジェンダー・ギャップ（性差別）が広くある。

就職セミナーで

職場の中のジェンダー・ギャップを「就職」から「定年」まで、女性たちの企業生活の各段階にそって見ていこう。話にリアリティをもたせるために、ゼミの卒業生の体験も紹介していくことにする。まずは就職セミナーで「私だけ質問を飛ばされた」という卒業生Kさん。彼女は言う。「私の前の人も後ろの人も質問されたのに。一瞬『なんで?』って思ったんですけど、よく考えてみたら私だけ女だったんです」。誰でも知ってる有名自動車メーカーのセミナーでのことである。そのあとのグループ討論では、この様子を見ていたたくさんの女子学生から「男女を対等に扱うつもりはあるんですか?」という追求があり、会社側は汗をふきふき言いわけしていたという。驚くべきことだが、しかし、こういう露骨な「女性はじき」もめずらしいことではない。「男女とも募集」という建て前の企業が、女子学生からのセミナー参加予約の電話には「もういっぱいです」と答えておいて、直後の男子学生からの電話には「空きがあります」と答えるなど、多くの女性が就職活動の中で、さまざまな「女性はじき」を体験している。[*2]

「募集・採用」にかかわるジェンダー・ギャップを、特別な技術や体力を必要としない「事務・営業系」で見てみよう。まず「募集」だが、大卒では「男女とも募集」71・7%、「女性のみ募集」

3・0%、「男性のみ募集」13・1%となっている。しかし、これが実際の採用結果では「男女とも採用」47・5%、「女性のみ採用」8・0%、「男性のみ採用」32・8%に変わる。[*3]「男女とも募集」の1/3が、現実には「男性のみ採用」にすり替わっているわけである。同じ数字を「高校・短大・高専卒」で比べてみると、大卒とは逆に「女性のみ採用」が「女性のみ募集」よりも大きくなる。ここには「どうせ女は補助業務だから、女の採用は賃金の低い高卒等でいい」という判断がはたらいている。ほかにも「自宅通勤者のみ採用、または優先採用」など、男性にはない女性独自の採用条件を課す企業も多い。また「胸の開いた服は女の武器ですよ」といった面接時の女性向けセクハラ発言も、情けない話ではあるがよく聞く話である。

「お茶くみ教育」そして研修

TVコマーシャルでもおなじみの住宅販売会社に勤めたFさんはこう話してくれた。「私が最初に先輩の女性社員から教えられたことはお茶のいれ方でした。Aさんはコーヒー、Bさんは日本茶、Cさんは紅茶、Dさんは砂糖はいくつ、Eさんはブラックで、カップもそれぞれ自分のがあって……。バカバカしかったけど、最初だから『ハイハイ』って聞いていました。覚えるのすごく大変でしたよ」「でも数年後に配置転換があって、私、女がひとりの職場に移ったんです。そのとき『いつでも女がお茶をいれる』という慣習はスッパリ止めました」。こう語るFさんは、別に男性にお茶を出すこと自体がイヤなわけではない。今でも「夏なんか、外回りの人が汗流して帰ってきたら、冷たいお茶を出すこともあります」「でも、それは自分からすることなんです。『それが女の仕事だろ』って顔で、こっちも仕事してるのに『ちょっと、お茶』なんて命令されるのはイヤなんです。お茶くらい男の人だっていれられるでしょ」。お怒りはごもっともというほかない。こうした「お茶くみ教育」は、同期入社の男女社員の中でも女性だけに行われる「教育」である。

川口によると、労働省の調査に対して、女性を「能力や適性に応じて男性と同様の職務に配置する」と答えた企業は、なんと全体の47・1%にすぎない。[*4] 残りは「女性の特質・感性を生かせる職務に配置する」44・6%、「補助的業務を中心に配置する」6・5%となっている。しかし「女性の特質・感性」とはいったい何であり、それはいったい誰が判断するのだろう。男性に多様な特質・感性があるように、女性にもいろいろな特質・感性の持ち主がいるのは当然のことではないのか。それを「女性の」とひとくくりにするのはどういう理由があってのことなのだろう。こんな調子で女性を「男性の補助」や「お世話役」につけておきながら、あとで「お茶くみなんて仕事じゃない」といった陰口をたたかれたのではたまったものではない。

「最初は気がつかなかったんですけどね」。こう話してくれたのは某有名証券会社に勤めたIさん。「職場のグループごとに毎年一人ずつ『研修』に参加するんですよ。その参加者は話しあって決めるんですが、結局、一年目は男、二年目も男、三年目も……となって、『ああ、こうやって女と男の昇進格差が生まれるのか』と納得しました」。研修というのは、仕事についての教育や訓練を受ける機会だから、その格差はIさんが指摘する通り昇進や賃金の格差に直結していく。この証券会社が例外でないことを、念のためにもっと大きな視野で確認しておこう。政府の調査によれば「新入社員研修」でさえ男女共通に行う会社は82・9％しかなく、これが「業務の遂行に必要な能力を付与する研修」71・6％、「管理職研修」54・2％と、より先へ進むほど女性参加の比率は下げられていく。Iさんの職場でのことは、この二つめの研修をめぐる出来事であり、まったく例外ではない。[*3]

昇進、賃金、退職、セクハラ

管理職に占める女性の比率はやや上昇してきているが、それでも「係長」8・2％、「課長」3・4％、「部長」2・1％というのが実態である。女性部長は全部長の四十八人に一人しかいない。[*3]これらの比率はアメリカの1／5、イギリスの1／4、ドイツの1／3で、国際的に見てもきわめて低いレベルにある。[*5]その結果、日本の男女賃金ギャップは、パートなどを除く正規職員だけの比較でも、男性一〇〇に対して女性六十五・五（全学歴合計、大卒で六十九・三）ときわめて大きくなっている。これを、さらに民間企業にしぼって勤続年数別で比較してみると図7-1のようになる。勤続年数が長くなるほど賃金ギャップは拡大しているのがわかる。さらに、ここに、非正規職員の驚くべき低賃金の問題がかぶさってくる。九二二万人に達する女性非正規職員の内訳は、パート六五三万人、アルバイト一八一万人、派遣・嘱託・その他八八万人となっているが、パート・アルバイトとも最も多くの人数が年収わずか五十〜九九万円の層に集中している。[*6] この低賃金が男性への経済的依存の大きな条件となる。

企業生活の最後のステージにあたる定年についてだが、かつては女性だけの「結婚退職・出産退職」や、25歳や30歳、35歳での女性だけの「早期退職」が公的な制度として企業にあった。東京地裁が、住友セメントの女性だけの結婚退職制を性差別だとする初めての判決を下したのは一九六六年のことであり、フジテレビで25歳定年制の撤廃を求める女性たちの闘いがくり広げられたのは一九六九年のことだった。多くの

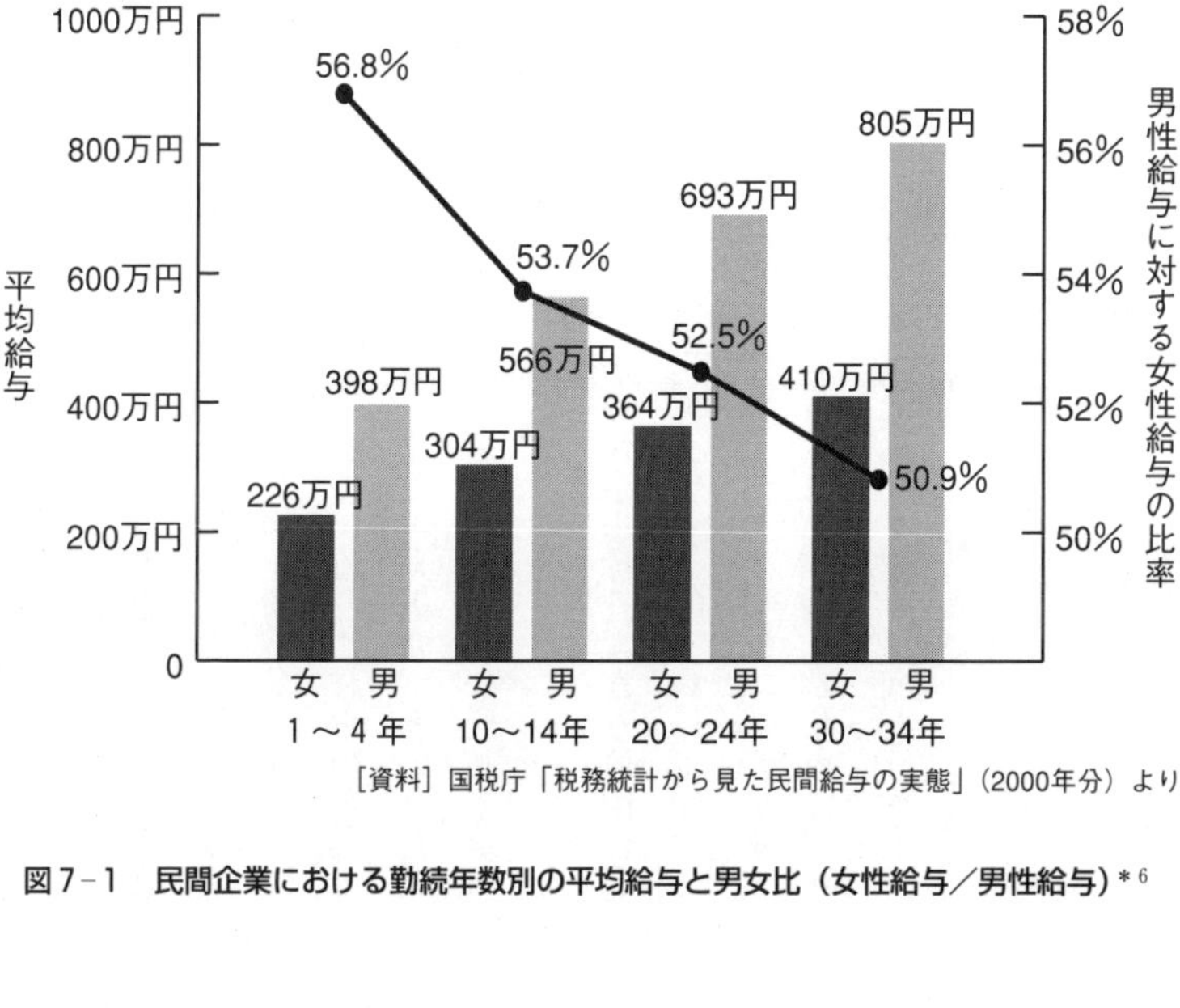

［資料］国税庁「税務統計から見た民間給与の実態」（2000年分）より

図7−1　民間企業における勤続年数別の平均給与と男女比（女性給与／男性給与）[*6]

闘いの積み重ねがあり、その後、制度としての早期退職制はなくなってきた。[*7] しかし、女性だけの結婚・出産退職は「慣行」という形で今も広く残っている。二〇〇〇年度の「女性が仕事をもつこと」についての調査では、全女性の34・4％が「子どもができても、ずっと職業を続けるほうが良い」と回答している。この数字は九二年の23・4％から10ポイントも増えている。ところが、現実には「妊娠・出産後も働き続けている女性がいない」という企業は全体の18・2％もあり、特に「卸売・小売業、飲食業」では24・7％、「建設業」では24・0％にも達している。これらの企業では、出産退職が暗黙のうちに、しかし厳格に守られているわけである。[*3] また「寿退職」という言葉が、結婚退職を「おめでたい」ものとして正当化し、結婚する女性たちを本人の意志に反して退職に追い込む役割を果たすことも少なくない。

定年ではない中途退職にかかわる問題だが、セクハラが女性の手から仕事を奪う大きな原因になっていることも重大である。仕事先で「からだのラインをうしろからなぞられた」「台に上がっていて下から足をさわられた」「断っているのに部屋まで送られた」「『オレの女になれ』『誰がモノにするのか話題になっている』としつこく迫られた」等。こうしたセクハラのくり返しのために、転職せざるを得なかった卒業生を何人も知っている。おそらく人権侵害としての被害実態はその何十倍にもなるのだろう。セクハラによる退職は、それぞれいわゆる名の通った会社でのことであった。

「雇用機会均等法」と労働条件

以上が「男女雇用機会均等法」の施行（一九八六年）から十五年以上を経た、企業社会における女性の地位の実態である。残念なことだが、ジェンダー・ギャップの解消に向けた課題は依然として大きい。次に均等法の施行と同時に広まった「総合職」「一般職」というコース別採用をめぐる問題について見ておくことにする。そこには「男女平等」と労働条件のかかわりという、「機会均等」の推進にまつわる重要な論点が含まれているからである。

ここで総合職というのは社内の中心的な業務にかかわる基幹職のことで、一般職というのはその周辺部分の事務処理などを中心とした補助職のことである。両者にははっきりとした仕事内容の差があり、それを理由に一般職より総合職のほうが昇進も賃金も有利に設定される。均等法の以前には、たとえば「A体系」「B体系」といった名称で実際には「男性職」と「女性職」を区別し、それに応じた男女別の賃金体系（表）をつくるという女性差別があちこちの企業にあった。そこでコース別採用の導入は、総合職での入社のチャンスを女性にも平等に開くことにより、この露骨な差別をなくすものという建て前で導入されたわけである。

ところが実際には、苦労して総合職についた学生たちの中から、わずか一〜二年のうちに「健康上の問題」を理由に仕事を辞める者が現れる。「毎日のように夜12時くらいまでの仕事なんです。土日出勤もあたりまえなんです。できるだけガンバロウとは思うんですが、もう体がもたなくって」。こう語るTさんは学生時代に国体にも出場した「超」がつくくらいのスポーツ・ウーマンである。その並大抵でない体力でも耐えられないのだから、本当にたいへんな状態だったのだろう。「それでも男の人は夜中2時頃まで働いて、会社に泊まっている人も多いんです。同じチームなのにその人たちにも悪くって」とTさんはいう。しかし、もちろん問題は彼女のガンバリの不足にではなく、非人間的としかいいようのない労働の実態にあった。国際比較をするとすぐにわかることなのだが、日本の労働時間の長さ、労働密度の濃さ、休日・休憩の少なさ、賃金の低さは先進国中最悪のレベルである。その象徴が大量の社会現象としては日本にしかないといわれる「過労死」。女性にも開かれた「総合職」とはいえ、現実には労働条件のあまりの劣悪さが、女性たちを「総合職」から遠ざけている。

さて、ここが重要な論点になのだが、じつは均等法は、九九年の改正も含めて、労働基準法にあった女性保護規定を緩和・撤廃することと抱きあわせで施行されている。従来、労働基準法には、男女の体力差や妊娠・出産にかかわる肉体的な構造の違いを考慮して、女性の残業・深夜業を制限するなどの「保護」規定が盛り込まれていた。ところが、それが「女性保護の撤廃が男女平等の前提だ」として撤廃されてしまったのである。その結局、女性たちは「男性並みに働く権利」とともに、「男性並みに過労死する権利」を手に入れることになった。現実には肉体的・家庭的によほど恵まれなければ、女性が総合職で働き続けることは困難である。そのことは「総合職」に占める女性の比率がわずか3・5%でしかない現実が雄弁に語っている。[*3]「男並みの業務を女にも」という形式的な平等の追求だけでは、雇用機会の「不均等」は解消しない。したがって「保護の撤廃が平等の前提」というのであれば、「男並み」であることが男女いずれの健康も害しない程度にまで、男女共通の労働条件を改善する努力こそが払われるべきであった。

さらに、多くの場合、総合職には「転居をともなう転勤の受け入れ」が条件づけられてもいる。卒業生にもあることだが、たとえ近くにいたい相手がいても、一方が転勤になればそれはできなくなる。それでも互いに近くにいたいとなれば、どちらかが相手についていくしかない。そしてその場合、たとえ学歴が同じでも「今の企業社会では男のほうがより多く稼げるようになっている」。この平均的な現実のもとに、多くは女性が仕事を辞める。あるいは、そもそもはじめから女性は総合職を選択しない。「辞令」という名の命令ひとつで、人間をどこにでも飛ばすことのできるこの制度も日本に特有の野蛮な労働条件のひとつである。結局、男女平等の追求を建て前としたコース別採用の導入は、「女性職」を一般職に「男性職」を総合職に、それぞれの看板をかけかえる以上のものとなっていない。九九年の均等法改正には、罰則規定の強化などたしかに前進面があるのだが、しかし、その改善も男女共通の労働条件の改善と結びつくことがなければ、現実には雇用機会の均等を進める力とはならない。ここに目を向けることが大切である。

「M字型雇用」から見えるもの

図7－2が示しているのは先進各国の女性「労働力率」（15歳以上の女性に占める就業者と完全失業者の合計の比率）の変化である。他の国々は逆U字型（あるいは高原型）のカーブを描いているが、日本は独特のM字型となっている。20歳前後での数値に大きな違いはないが、出産・育児の時期になると日本では離職者が増え、それによって「M字型」の「谷」がつくられている。結婚・出産退職による専業主婦の増加である。そして女性たちは子育てに力を注ぐ一時期を過ごし、子どもから手が離れた40代くらいから再び仕事に就くことになる。だが、この就職先の多くはパートである。全女性パートの56・4％が40～59歳に集中してい

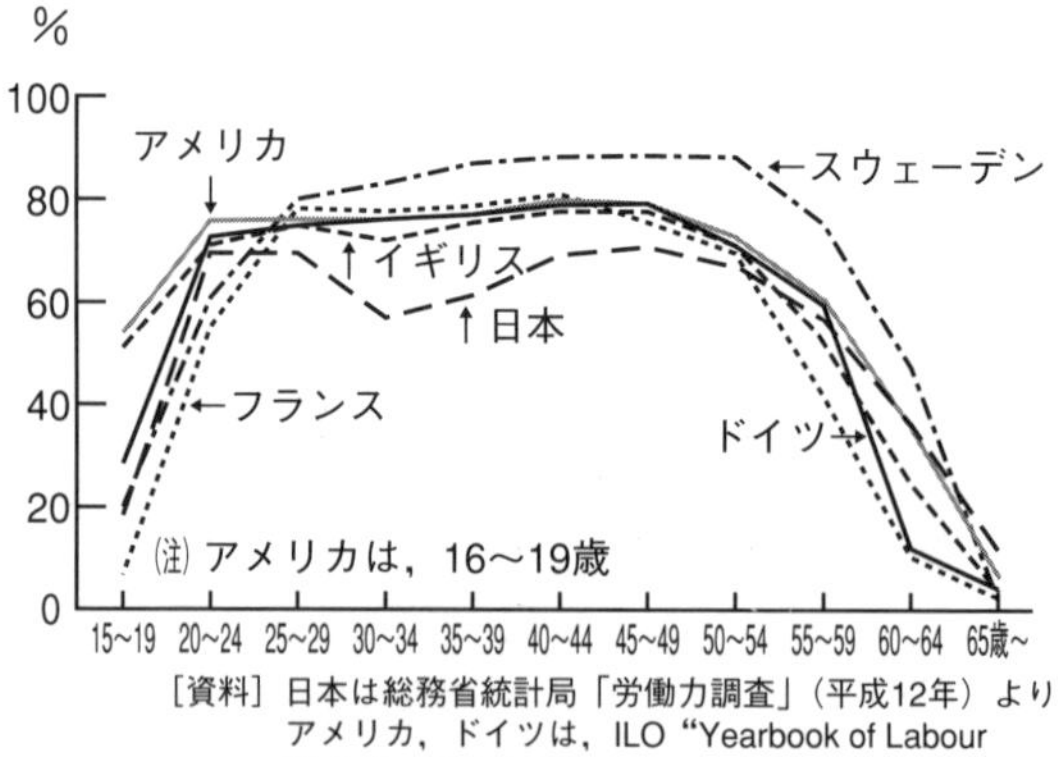

［資料］日本は総務省統計局「労働力調査」（平成12年）より
アメリカ，ドイツは，ILO “Yearbook of Labour Statistics 2000” より
スウェーデン，イギリス，フランスは，EU:Eurostat “Labour Force Survey Result 1997” より

図7－2　女性の労働力率（国際比較）

る。[*3] この年令でフルタイムの正社員になることは容易ではない。

M字の「谷」は時代を追ってしだいに浅くなってきているが、それでも他の国にはない「仕事と家庭の両立」をめぐる特別な困難が日本にあることは明らかである。そこには、すでに指摘したような企業社会が直接抱える問題のほかに、出産・育児・介護などをめぐる社会保障制度の貧しさといった問題もあげられる。年令を問わず女性が仕事を辞める代表的な理由は「育児・介護と仕事の両立の困難」である。児童・高齢者福祉など社会保障の充実は女性の働く条件の拡大という見地からも重要である。

スウェーデンやアメリカもかつてはM字型だったし、日本のM字型に一番近かったイギリスも今は逆U字型に近づいている。ここで知っておきたいのは、グラフに登場する国々が、アメリカを除けばいずれも日本より経済力（GDP）の小さな国だということである。それは、努力しだいで日本にも逆U字型を実現することが可能だということを示している。中小企業には国家の助成が必要だが、大企業にはその自前の「体力」が十分にあるし、社会保障の拡充に当てる国家予算づくりにもおおいに工夫の余地がある。たとえばドイツの労働時間は年間にして日本より八百時間も短い（日独ともサービス残業を含めて）。だからドイツには女性が「男性並みに」働いても、それで体が壊れるという特別の心配はない。また日本のように長すぎる労働時間が少なくない男性に家庭責任の放棄を迫り、その結果、家事がもっぱら女性に強制されるということもない。他方で、ドイツの時間当たりの平均賃金は日本の1・7倍（購買力平価で比較）に達し、また国民所得に占める社会保障給付の比率も日本の2倍となっている。こうした特にヨーロッパの経済や社会の先進的な側面に学び、その良さを積極的に取り入れていく知恵が、女性たちのM字型の人生からの脱却のためにも必要である。

したたかな知性の必要

二〇〇二年二月二十日、東京地裁は、女性は一般職、男性は総合職とする野村証券のコース別人事を男女差別であり、違法であるとする初めての判決を下した。野村証券は『日経ビジネス』（一九九七年一月二十七日号）でも「男女の賃金格差の大きい会社ランキング」第一位とされた。その背後には、この差別的なコース制の雇用制度があったわけである。ここで闘いの中心に立ったのは、差別を受けた十三人の女性たちであった。原告の1人は「若い世代に男女差別を残したくないとの思いで、裁判を闘ってきた」という。[*7]

現にジェンダー・ギャップに満ちた今の企業社会でどう生きるかは、難しい問題である。たくさんの働く女性たちと同じく、卒業生もそれぞれなりに模索を重ねている。「自分の力で生きていきたいから」と毎日夜遅くまで仕事と格闘している者もあれば、結婚を機に仕事を辞め、子育てをする中で新しい資格をとり、その資格を武器に再就職した者もいる。総合職を選ぶか、一般職を選ぶかも重要な問題である。また、よりマシな労働条件を求めて転職している卒業生は数えきれない。

しかし、どの道を進むにせよ誰もが考えないわけにいかないのは、働く自分の毎日の生活がこの社会のあり方と深く結びついているという現実だろう。よりましな毎日への個人的な願いも、多くの場合、よりましな社会への願いから切り離されたものではない。今ある社会に適合し、その中をしたたかに生き抜くたくましい生活力とともに、よりましな社会のあり方を考える冷静な知性が必要ではないか。そう、みなさんに問題提起をしておきたい。より深く、しっかり学ぼう。

読者のための参考図書

『雇用における男女平等とは』川口和子　新日本出版社　一九九七

職場における女性差別の実態や、それを推進する「資本の論理」が人類史の大きな流れに位置づけられる。

『輝いて、しなやかに』中西英治　新日本出版社　二〇〇二

職場の差別撤廃に向けた女性たちによる裁判闘争の「リレー史」が、判例の紹介も含めて物語風に描かれている。

コラム12

明白な直接差別から潜在化した間接差別、さらには男女共通規制の組み替えへ

男女別定年制（男性55歳、女性50歳）が争われた日産自動車事件において、一九七三年に初めて、最高裁は職場の女性差別が違法であることを明らかにした。それ以来、現在までにさまざまな男女平等施策が試みられてきた。特に、一九九七年に「雇用の分野における男女の均等な機会及び待遇の確保等に関する法律」が改正され、①賃金差別に加え、募集・採用や配置・昇進の男女差別が禁止規定として定められ、また②事実上の男女格差（通達によると女性が男性の4割に満たない場合）が生じている場合には、それを是正するためのポジティブアクションが適法であることを明らかにし、同措置への国の援助も認められた。さらに、九九年には、男女共同参画社会基本法が制定され、男女共同参画社会の形成促進のために国が積極的改善措置を講ずることを定めた。

一方、家庭と職業の両立支援のためには、一九九一年に育児休業法が制定され（九五年改正により育児介護休業法）、二〇〇一年の改正では子の看護休暇等が導入された。また、非正規労働者の処遇改善のためには、一九九三年にはパート労働法（短時間労働者の雇用管理の改善等に関する法律）が定められ、事業主に雇用管理改善の努力義務が規定された。そして、九九年には労働者派遣法（労働者の派遣事業の適正な運営の確保及び派遣労働者の就業条件の整備等に関する法律）の大幅な改正により、一年間にかぎって派遣対象業務が原則的に自由化されている。これらパートや派遣労働者には女性が多いのが現実なのだが、ここでは正規・非正規にかかわらない均等な処遇問題——同一価値労働同一賃金同一処遇——が重要な課題とされている。

このように、これらの立法によって、明白な男女差別が違法評価されるようになり、全般的な均等処遇が問題とされてきた。しかしそのじつ、「合理性」のある異なる処遇という衣をまといつつ、隠された差別が企業内に浸透しているといわれている。典型

的な問題が、男女の賃金格差、すなわちコース別雇用制度や女性労働者の正規被用者から非正規（パート労働者）への入れ替えの進行である。現実に、ＩＬＯ条約勧告適用専門家委員会は、日本政府に対して、コース別雇用が男女賃金格差問題を生じさせ、重大な不適合があるとの指摘をしている。

それに加えて、実際に最も重要なことは、女性保護としての労働条件保護規定ではなく、労働基本法の男女共通規制への組み替えである。じつは、女性の労働問題は女性の置かれた社会的環境の問題を抜きにしては考えられない。賃金格差や、採用、配置、昇進、職業訓練、福利厚生、定年、退職等における男女格差は、キャリア志向の女性が内部市場にとどまりやすくする問題と関連する。すなわち、女性の職業生活と家庭生活の調和を図ることなしには、女性の労働力促進も、男女格差是正も行い得ない。これには、先の育児・介護休業制度や、家庭生活をもつ者の深夜業免除請求権のほか、企業内キャリアの柔軟化（キャリア・ブレイクなど）、育児サービスの整備、節度ある時間外・休日・深夜労働のための基準づくりが必要だといわれている。しかし、それだけでは不十分である。「男性が仕事、女性は仕事と家事、その家事をできるかぎり社会が援助する」という枠組みを、「男性も仕事と家事と子育て、女性も仕事と家事と子育て」という枠組みに組み替え、すべてにおいて男性女性がともに分担し、それを社会が支援することが必要となる。そのためには、男性女性にかかわらず、家事負担のための職場での保護が両性に対して必要となる。このように、男性も生活の基本である家庭生活充実のために義務を半分シェアするには、一方で労働環境を整え、家庭生活との両立の視点をも労働法における保護の中に取り込む必要がある（職業生活・家庭生活双方における均等な権利と義務のシェア）。女性の労働力を活用するためには、単純に、処遇を均等にし、育児サービスを充実させ、家庭の足かせを除けばよい、というわけではない。職業生活とともに、現在の生活の基本をなし、ひいては子どもの養育という重要な機能を有する、未来の社会の基本となる家庭生活の健全な発達の視点なくしては、職業生活をも維持できないからである。その前提が達成されて初めて、社会の発展が期待できるのである。

（山田到史子）

参考図書
「育児休業・介護休業法改正」大塚弘満『ジュリスト』一二二九号　有斐閣　二〇〇二
「性差別への法的アプローチ」浅倉むつ子『ジュリスト』一二二二号　有斐閣　二〇〇二

コラム13

労務管理のジェンダー分析

一九九七年に「改正」された雇用機会均等法は、九九年から労働基準法の女性保護規定の撤廃と抱きあわせで実施された。保護規定撤廃の推進力について、当時の総務庁長官・武藤嘉文氏は「要望は、日経連とか経済同友会、日本自動車工業会など産業団体が中心だった」と証言している（衆院予算委員会での答弁一九九七年二月二十七日）。それは何より「男性並み長時間過密労働」を女性に求める経済界の要望だった。同時に、大切なことは、それが女性労務管理の政策にとどまらず、長時間過密労働の「主人公」たる男性労働力の管理・確保をねらう政策でもあった点である。

保護規定の撤廃を求める経済界の動きを、少し歴史をさかのぼって確認しておこう。労働基準法の制定は一九四七年だが、財界はアメリカの占領支配が終わらぬ五一年の段階で、早くも女性労働者の「過度な保護」（女性保護）の改定を求めている。続いて五五年には日経連（日本経営者団体連盟）が政府の臨時労働基準法調査会に、①女性の時間外労働を年二百時間まで認める、②休日労働を認める、③生理休暇を廃止するなどの具体的な要望を提出している。さらに六四―六五年の不況を経て、六〇年代後半には基幹部門に女性を抱える大企業が既婚者や母親労働者の「整理」を始め、また結婚退職・若年定年制・職務給・別居配転など女性の正規雇用を阻む対策を次つぎと採用していく。そして七〇年に東京商工会議所が労働省に提出した「労基法に関する意見書」は、①女性保護の緩和推進、②「男女平等」は男並み労働を基準に、③中高年の女性パートの円滑な活用を主張するなど、「男女平等の前提は女性保護の撤廃である」という、今日の均等法下での女性管理政策の原型をはっきりと打ちだしていた。こうして八〇年代に入り均等法成立時にまたしても女性保護撤廃を強く主張した財界は、均等法改正と同時についに保護規定撤廃の悲願を達成するのである。

経過を見て明らかなことのひとつは、現代にいたる企業社会の女性差別を単純に「古い考え方の残り物」とよぶのは誤りだということである。それは戦後の経済成長過程の中で、経済界のリーダー達が意識的につくりあげた新しい戦後型の労務管理政策である。その政策が追求したことの一つは、パートの大量活用に象徴される女性労働力の「安使い」であり、また二つには正規雇用も含めて女性たちを「男性以下」に位置づけ、それによって過酷な労働条件に対する男性労働者たちの不満を緩和する手段とすることであった。そのうえで、さらにもうひとつ重要なことは、男並み労働を基準とする「男女平等」や早期退職などあからさまな女性差別を通じた企業社会からの女性排除が、大量の男性企業戦士を企業社会に供給させる目的をもっていたことである。女性を職場から家庭に追いやることが、「男は仕事、女は家庭」という家庭内の性別役割分業を促進する。それが、家庭をかえりみる必要とゆとりをもたない男性企業戦士を生みだす土壌となるのである。戦後の日本経済を支えた安くて勤勉な労働者たちは、こうした計画的な労務（および家庭）管理政策の「産物」でもあった。均等法改正にともなう女性保護の撤廃も、こうした脈絡の上に位置づけられねばならない。

女性を苦しめる性差別が、同時に男性労働者に対する支配強化の手段ともされる。経済界の労務管理政策は、男女それぞれへの政策を切り離したままでとらえることのできるものではないのである。こうした「資本の論理」と「性差別の論理」のより深い統一的理解の探求は、ジェンダー研究が経済学に求める重要な研究課題のひとつといえる。（石川康宏）

第八章 ◎ ジェンダーが強いる身体の役割

からだ（身体）とは

人は誕生し、日々新しく変化していく。身体は、時間というレールの上を誕生から死へといざなう、いわば「乗り物」である。これを運転するための免許証は、過去から受けついだDNA。あなたはDNAによって歴史の一員となり、同時に「あなた号」という独自の路線を生きることになる。また、身体は、あなたの存在を現実として示す「入れ物」でもある。顔つきや指紋などで他人と区別することができるし、細胞の一つ一つにもあなたのしるしがつけられている。つまり、他人との「境界」であり、個人として存在することを保証するのだ。同時に身体は、生物学的特質を親から子へと伝え、そのつながりを証明する「戸籍書」としてあなたを集団に位置づけている。

そして今、あなたは身体を介して外の世界を感じとり、それを意味づけ、反応している。表情や言葉で感情や意志を示し、行動してまわりにはたらきかけることもできる。身体はあなたと世界を結びつける「窓口」であり、この窓口を通じて外と交流し、自分をアピールすることができるのだ。

ただし、その窓口を通して、外の出来事や決まり事も入り込んでくる。身体は自分だけのものでありながら、まわりと共存するための責務を担わされる対象でもある。つまり、個人的存在でありながら社会的存在と見なされ、決められた役割を果たすように求められる。しかも、その役割は身体的特徴に応じた形で要求され、性別、年齢、人種、肌の色など、自分ではコントロールできない部分で規制されることが多いのだ。でも、それがイヤだって思う人もいるだろう。あくまでも自分なりに生きたいし、身体で決められるなんて納得がいかないと思う人もいるだろう。あるいは、好んで選んだわけでもない血縁を、嫌うことだってあるかもしれない。こうした意味で、身体は、自分と外の世界との「葛藤を生じる場所」ともなり得るのである。

さて、この章では身体と社会との間で生じる葛藤を取りあげ、精神的障害などを例にあげながら、性やジェンダーに関連した問題について考えてみたいと思う。

画一化される「身体」

あなたは、初めての人に出会ったとき、なにを手がかりにしてその人を判断するだろうか。男か女か、どこの国の人か、年齢は、容姿は……など、とりあえず外から見える特徴を材料にするだろう。もしシャーロックホームズなら、外見からその人の職業や生活状態、気質まで言い当ててしまうのである。

「人は見かけによらない」という言葉があるが、裏返してみれば「見かけ」がいかに大きな意味をもつかということである。つきあいがないと、「見かけ」だけで人柄まで判断されたり、仕事や私生活に支障が生じることもある。だから私たちは外見に気を使うのであり、身だしなみを整えて印象を良くしたり、化粧や髪型を工夫してめだとうとしたりする。もちろん、これが好みや自分らしさの表現なら良いのだが、現代人は異常なまでに外見へのこだわりを強め、他人から賛美されるような「顔つき」や「体つき」になりたいと願うのである。そのひとつの現れが、ダイエットや筋肉トレーニング、あるいは美容整形の流行である。

たとえばダイエットだが、現代では肥満などの治療的ダイエットよりも、ともかく細ければいいという美容的ダイエットが全盛である。スリムさは産業社会に適した機能的身体としてもてはやされ、活動性や自己コントロールの象徴となり、格好良さの基準となっている。特に女性ではやせた体型が美しいとされ、細身の服が流行し、モデルやアイドルは総じて細い女性。まるで、やせていない女性は失格だと思われかねない社会である。しかしダイエットが行きすぎると低血圧、低体温、低血糖、貧血などを招き、内分泌や循環器、消化器系などに障害が現れてくる。一時的な異変だけでなく、低身長や骨そしょう症などの後遺症が残る場合もある。それにもかかわらず多くの女性は、やせる必要がなくても「もっとやせたい」と減量に精を出すのである。

近年では、スリム志向が子どもや男性にも広がり、たとえば小〜大学生の男女一、〇六八名を対象とした調査では、小学生女子の約56%、男子の約25%が「やせたい」と望み、中・高校生女子の約82%、男子の約40%が痩身を望んでいるという結果が見られた。[*1] そして、中〜大学生男子の約70%が「外見が良いほうが得をする」と考えているのだ。こうした男性のスリム志向は、過剰なまでに運動や筋肉トレーニングに没頭する「運動依存症」を生んでおり、体型づくりを目的とするダイエットや食べ吐き、あるいは薬物乱用で身体を害するケースも増えているといわれている。

また昨今では、顔立ちや容姿の画一化もエスカレートしている。化粧やファッションを流行にあわせるだけでなく、二重まぶたや高い鼻筋になりたいと何度も美容整形を受ける人を見かけるようになった。美容整形外科や皮膚科を受診する人の6～15％が「身体醜形障害」であるといわれるが、病気にはいたらなくても、社会全般がこの病気に近い神経症状態を表しているといえるかもしれない。

以上のように、女性も男性も総じて外見信仰に走り、定型的な「美しさ」を獲得するために身体を変えようとする現代である。その是非は個々の状況や選択にゆだねられるが、少なくともこうした現象の底辺には、私たちの身体がいかに社会的価値に支配されているかという問題が横たわっている。私としての身体よりも、社会に歓迎される身体を優先させ、横にならえ式に同化しているのである。その結果、時にはかえって身体を害し、時には個性ある生き方まで揺るがされることもあるのだ。私たちは姿格好が差別や束縛そのものであった過去の時代を乗り越えてきたはずである。しかし、現代人が手に入れた身体の「解放性」は、はたしてどの程度だったといえるのだろうか。

役割を強いられる「身体」

身体は、生物学的な性をジェンダーの問題へと結びつける入り口でもある。遠い昔から、身体とそれに附属する性役割は、強固に結びついて人々を縛ってきた。特に女性に対しては、家庭においても職場においても社会においても、周囲を支えながらソツなく務めるのが良いと考えられてきた。自分を生かすよりも、周囲を生かす役割を要求されてきたのであり、そこから生じる心身の負担は並大抵ではなかったのである。もちろん、周囲の期待に応じようと多くの役割を進んで引き受け、その達成を生きがいとしてきた女性も少なくはない。社会的に成功した女性の中には、仕事だけではなく、さまざまな役割をこなしてきた人も多いはずである。しかし、意欲的にがんばっているように見えても、いつか、外からの要求と自分の欲求とにギャップができ、大きなストレスを抱えてしまう「スーパーウーマン症候群」も現代において増えているのだ。

たとえば近年多発している「摂食障害」という病気にも、こうしたプロセスを見ることができる。この病気の原因は多様であるためケースバイケースで考えねばならないが、よく見られるのは、いわゆる「良い子」であろうとして自己抑制を続け、周囲の期待に添い、優秀な成果をあげてきたという場合である。他人から評価されても、自分の欲求を絶えず抑えているため、自分らしい生き方をしているという実感がもちにくい。そのため、心の底には満たされない思いがつのり、摂食障害へと陥ってしまうことになる。摂食障害は「やせ」をかぎりなく望む病気だが、「やせた身体になりたい」という強い願いには、「今の生き方を変えたい」「要求される役割を拒否したい」などの気持ちが色濃く反映している。つまり、外見を変えることで、自分像や価値観まで変えたいという変身願望が込められているのだ。

一方、男性に対しても、性にともなった社会的要請はパターン化している。男性的という言葉はいわゆる「強さ」を意味し、リーダーシップを発揮してたくましく生きるタイプが理想とされてきた。繊細さや内向性などは否定的に見られ、こうした性格傾向をもつ男性は周囲から求められる役割を受け入れることができず、時にはその葛藤が精神や行動上の症状として出てくることがある。たとえば引きこもりや出社拒否などのように、身体ごと社会から回避する行動によって周囲からの要請を拒もうとする人も少なくない。いわば、身体という「窓口」を閉ざすことによって、その社会性を拒否するのである。また、すこし様相は変わるが、男性に多い「性同一性障害」においても、身体を変えたいという強い願望と、男性役割への拒否感が見られる。性は身体だけで決まるのではなく精神によっても決定されるのだが、この障害では両者の性が合致しないため、自分の身体を受け入れることができなくなっている。そのため、異性になりたいと望むのは当然のことであるが、この障害は長い間理解されず、社会的に認められるようになったのはつい最近のことである。ここにおいても、外見と役割を結びつけようとする社会観念がいかに強いかを見てとることができる。

以上述べた摂食障害も性同一性障害も「病気」として位置づけられているが、役割の強制から逃れたい、そのために身体を変えたいという気持ちは、程度の差はあれ誰にでもあり得る心理状態である。しかし、身体の外部と内部との葛藤が、「病気」という形で現れないかぎり性役割からは逃れられない（病気になっても逃れられないかもしれないし、病者という差別を受けることも多いのだが）という、強固な縛りの中に私たちは住んでいるのだ。こうした意味でこれらの障害は、個人と社会が求める価値観の違いに対して、現代人はどの程度の「自由性」をもっているのかということを、身体という問題を通して問いかけているのである。

成熟を押しつけられる「身体」

あなたは、いつまでも子どもでいたいと思ったことがないだろうか。あるいは思春期頃に、自分の意思にかかわらず大人の世界へ押し出されていくような感覚をいだいた記憶がないだろうか。大人になるという事態は、社会的にも自立に向かうということである。しかし、「もう一人前だから」とか「適齢期だから」とかの言葉は、精神面よりも身体面の成熟をメドにして投げかけられることが多い。いったん大人と見なされると、心のあり方は十分に考慮されないまま、身体的な成長に基づいて評価され、複雑な決まりや対人関係などが求められるようになる。特に女性は、自分の個性を生かしにくい現実社会へと、否が応でも入っていかなくてはならない。ましてや、母親などの身近な女性が幸せそうに見えない場合には、女性として成熟していくことに不安が強くなりやすい。その結果「性を担った大人」へと成熟することへの戸惑いも強くなり、心理的な適応が困難になることもあるのだ。

前述した摂食障害でも、こうした成熟への拒否感が「やせ」という成長に逆行した病態につながり、発症原因のひとつになっていると考えられている。たとえばスモラックらは、発達の移行期に精神的安定を欠いたり、サポートが受けられなかったりすると摂食障害のような不適応を招くことがあると述べ、個人的な問題に発達上の困難さが重なりあって症状が生みだされるとしている。[*2]つまり摂食障害は、「発達にともなう重荷」を、身体の症状として現している病気でもある。

男性の場合では、「剛健に成熟せよ」というメッセージを社会から受けるが、それに違和感をいだき、将来への不安が高まって、摂食障害や薬物・アルコール依存に陥ってしまうこともある。また男女にかかわらず、若者に多いリストカットなどの自傷行為や、自殺願望なども、「これから自分はどうなるのだろう」という成熟不安が強まっている場合によく見られる。先行きが見えないために、「自分とは何者か」というアイデンティティが拡散し、存在することと自体に自信がもてなくなり、身体を傷つけることによって現実としての存在感をたしかめようとするのである。

さて、右に述べたような病理の背景には、「現代社会が個々の成熟を見守る柔軟さと余裕を失ってしまった」という問題が潜んでいる。同時に私たち自身も、身体が成熟というレールの上を走っていくことを、一面的にとらえすぎているのではないかと省みなければならない。身近な例では、子どもの成熟度にかかわらず、年齢が上がれば学年も上がるという機械的なシステムに、私たちは慣れ親しんで疑問を感じることはない。しかし、生物学的な成熟に比して精神的な成熟は経験や環境に左右されやすく、個人差も大きいのである。つまり、ゆっくり走る列車もあるし、回り道をする列車もあるのだが、にもかかわらずすべての列車に一律の時刻表が与えられているようなものである。それに、列車が前に向かって走らないといけないという思い込みも妥当ではない。成熟し前進することがすべてではなく、現在の可能性を生かしつつ存在すること自体が輝く意味をもつのである。

身体の「成熟」は周囲から押しつけられたり利用されたりするものではなく、それぞれの人がそれぞれの方法で味わうべきものであることを忘れないようにしたい。あなたは、「あなた号」というユニークでオリジナルな乗り物で生きているということを、もう一度述べておきたい。

疾患の解説

身体醜形障害

身体醜形障害とは、外見の欠陥へのとらわれ（想像であることもあるし、実際の欠陥を異常に心配する場合もある）が強く、そのために社会的活動に困難が出てくる状態をいう。たとえば鼻や目など顔面の形や傷、多毛、性器や乳房などに意識が集中し、欠陥を何度も調べたり、他人の視線を気にしたりする。過度な運動やダイエット、化粧、洋服などで欠陥を隠そうと試みるが、結局は美容外科などの手術を受けることが多い。妄想的になると対人関係に支障をきたし、社会的に孤立しやすい。男性と女性に等しく発症する。

摂食障害

摂食障害とは、「食べる」行動に異常をきたす病気で、身体―精神―行動がからみあいながら進行する「精神障害」のひとつである。病気の発症や経過には心理・社会・文化的な要因が密接に関係し、アメリカ、イギリス、日本などの、いわゆる先進国で増えている。若い女性に多く発症し（若い女性の百人に一〜二人くらいの割合）、女性の患者数は男性の十〜二十倍である。医学的には、おもに神経性食欲不振症（いわゆる拒食症）と、神経性過食症（いわゆる過食症）に分けられる。

拒食症とは、体重が増えることへの恐れが強いため、食事を極端に制限したり、排出行動（食後の嘔吐や、下剤・利尿剤・浣腸を乱用して、食べた物を体外に排出する行動）を行って、著しくやせる病気である。病気になるきっかけは、多くの場合がダイエットであるが、精神的ストレスによる食欲低下がきっかけになることもある。いずれにしても、食事制限が低栄養状態を引き起こすと、脳の食欲中枢のコントロールが乱れ、正常な食行動にもどれなくなってしまう。低栄養は精神状態にも影響して「こだわり」を強めるため、体重や食事がますます気になり、異常にやせていても食事制限を続ける結果になる。体重が標準の85%以下になると、全身的な栄養失調症状が現れる。

過食症とは、食欲が高進して自分では抑制できず、大量に食べるが、やせたい気持ちが強いため、食後に排出行動を行ったり、過食と拒食をくり返したり、過剰な運動で体重調節をするようになる病気である。現在では、拒食症よりも過食症のほうが多い。過食は、多くの場合ダイエットの反動から始まるが、「食べること」は気持ちをやわらげる作用があるため止めようとしてもなかなか難しく、やがて、過食→肥満への恐れ→排出行動→恐れの解消→次の過食という悪循環に陥る。体重は拒食症のように減少しないが、長期になると栄養のアンバランスや排出行動による症状が現れ、生命に危険が及ぶこともある。また、過食や排出行動をくり返す自分に対して自己嫌悪感や抑うつ感が強まり、社会生活に支障が出ることも多い。

性同一性障害

性同一性とは、男性または女性として自分を知覚することである。同一性に障害があると、自分の性を受け入れることができず、「反対の性の身体を所有したい」「反対の性を生きたい」「異性の社会的役割をとりたい」という強い欲求が出てくる。そのために著しい精神的苦痛が生じたり、職業上や社会的活動に困難が生じたりする場合に「性同一性障害」と診断される。この障害をもつ人々は、行動や服装を異性に近づけようとし、他の人からも反対の性に見られたいと望み、ホルモン治療や外科的手段で外見を変えようと試みる。この障害が小児期から見られる場合は、家族から拒否されたり、友人のいじめやからかいの的になって孤立したり、学校嫌いになったりしやすい。成人の場合には、結婚や職業などの社会生活に適応できず、抑うつや自殺願望を強める人もいる。最近、治療の手段としての性転換手術が、日本でも認められるようになった。

読者のための参考図書

『DSM-IV 精神疾患の診断・統計マニュアル』アメリカ精神医学会　高橋三郎・大野裕・染矢俊幸（訳）　医学書院　一九九六

身体醜形障害、摂食障害、性同一性障害など、精神疾患の診断基準や統計的な情報が示されている。

『女性の心身医学』郷久鉞二（編）　南山堂　一九九四

産婦人科領域から女性の心身症をまとめた本。最新研究は、日本女性心身医学会雑誌『女性心身医学』を参照してほしい。

『拒食症・過食症とは』生野照子・新野三四子　芽ばえ社　一九九三

摂食障害の基本的知識や自助グループ（あゆみの会）についてまとめられている。

コラム14

身体と生殖をめぐる政治

ヒトは、メスとオスとで有性生殖を行う生き物である。だが、最近は体外受精や代理出産、精子・卵子や受精卵の売買／提供、閉経後女性の出産、はてはクローン人間誕生の可能性など、生殖のあり方も様変わりしつつある。それでも完全な人工子宮でも発明されないかぎり、今でも次代の再生産、すなわち子供を得るという目的にとって、女が妊娠・出産するというプロセスが不可欠なことに変わりはない。男が生殖技術を用いて妊娠・出産するという選択肢は（アーノルド・シュワルツネガー主演の映画『ジュニア』！）、まだ実用化されていないし、されたとしても、はたしてどれだけ一般化するかは疑問である。

　というわけで人類のこれまでの歴史では、家父長制家族から共同体、宗教や国家にいたるまで、権力の側が産む産まないの問題に関心を示すときには、圧倒的に女の身体が管理や干渉、操作の対象になってきた。たとえば「嫁して三年、子（＝男の子）なきは去る」という言葉は、日本では昔ほど聞かれなくなったが、アジアには今も出生前診断で胎児が女の子とわかると中絶したり、生まれた女児を捨てたりする地域がある。途上国の人口問題を解決しようと家族計画が政府や国際機関によって推進されるとき、半強制的な不妊手術や、ノアプラント（皮下埋め込み式のホルモン避妊薬）のように副作用の多い実験段階の避妊法の対象となるのは、もっぱら女たちである。一方、軒並み出生率の低下に頭を悩ます先進国では、産みたがらない女たちが非難され、先端不妊治療技術に期待の目が注がれる。

　中絶もまた、しばしば権力による介入の対象となってきた。日本は明治以降、刑法堕胎罪によって中絶を禁じてきたが、第二次大戦に敗北後、人口過剰問題緩和のため優生保護法（現在は母体保護法）制定による上からの中絶自由化が行われ、急速な少子化を可能にした。しかし高度経済成長以後は労働力不足を背景に、優生保護法を改定して中絶を厳しく規制しようとする政治的動きがくり返された。

　他方、アメリカでは一九七三年、中絶の選択は女性の憲法上の権利とする連邦最高裁判決により中絶が合法化されたが、以来、宗教的保守勢力を中心に中絶反対派の激しい運動が続き、中絶容認か否かは大統領選の争点にさえなってきた。「胎児の生命の権利」をかかげた反中絶派によるクリニックの爆破や医師の殺害など、テロも起きている。中絶問題は、「人間」や「生命」の定義をめぐる争いであると同時に、女にとって妊娠＝出産は神から与えられた「聖なる義務」なのか、それとも個人が自由に決定できる選択肢のひとつであるべきなのかという、相異なる女性観の衝突でもある。

　このような歴史をふまえ、フェミニズムにおいては「私の体は私のもの」という身体的自己決定権が重要な政治的・理論的支柱となってきた。「リプロダクティヴ・ライツ／ヘルス（性と生殖をめぐる権利と健康）」という概念は、それを体現したものである。しかし冒頭で述べたような生殖技術の著しい発達とともに、個人の自己決定ならすべてが尊重され、許容されるべきなのかという新しい倫理的、法的問題が浮上しているのも事実である。（荻野美穂）

参考図書
『自己決定権とジェンダー』江原由美子　岩波書店　二〇〇二
『中絶論争とアメリカ社会――身体をめぐる戦争』荻野美穂　岩波書店　二〇〇一
『母体保護法とわたしたち――中絶・多胎減数・不妊手術をめぐる制度と社会』齋藤有紀子（編）　明石書店　二〇〇二

コラム15

生殖器としての身体
——アトウッドのディストピア

ヘテロセクシュアリティを前提とした場合、人の身体の中で生殖機能は大きな意味をもち得る。「純粋」な種の存続を目的に、人間を生殖器として見なす宗教的、父権制ファシズムの社会。カナダのフェミニスト作家マーガレット・アトウッドは、小説『侍女の物語』[*1]において、近未来に舞台を設定しながら、現代社会（特にアメリカ）への批判を込めて、そのような社会をひとりの「侍女」を通して語らせる。しかしこの反理想郷、ディストピアには、すでに私たちの世界が体験してきたこと、そして現在起こりつつあることが反映され、けっしてあり得ない悪夢が描かれているのではない。

　生殖をめぐるジェンダーの制度化、これが物語の軸となっている。男たちは身分に応じて「妻」をもっている。優秀なＤＮＡは次世代に残されねばならない。しかし物語の背後には核汚染を含めた環境汚染があり、女男を問わず、生殖機能が著しく低下し、「異常」をともなった新生児の誕生が増加している。同時に宗教戦争のもと、多くの男性が戦地に駆り出されている。そこでこの社会においては、高官たちのみが再生産の特権を与えられ、女たちはその道具となる。つまり女は「二本脚の子宮」なのである。「妻」が妊娠不能である場合、公的に「侍女」が寝室に入り、代理母となる。妊娠可能な「侍女」は複数の家に仕え、使命を果たせない者は特別施設に送られる。さらに生まれてきた子どもに何か「異常」が見られる場合、「それ」は人として受け入れられず、即座に廃棄される。

　環境ホルモンによる生殖能力の低下、少子化、これらは今、私たちが実際に直面している問題である。現代社会ではより多様な生き方が受け入れられてきているとはいえ、私たちはどれほど人権について平等を勝ち得ただろうか。男社会の封建制、女たちを母性と直結させる風潮、そして生まれてきた命を「異常」か「健常」かで差別化する社会通念。これらは、私たちの社会の旧くて新しいひずみだ。

この小説の最後には「歴史的背景に関する注釈」というエピローグが付されている。それは、このディストピアが滅び去った後の、ある歴史学会の場面であり、研究者はすべて男性である。ここで明らかにされるのは、「侍女」が語ったとされるこの物語は、じつは男性研究者たちが、無秩序に保存されていた、多数のカセットテープに吹き込まれていた断片を、彼らの手で編纂してひとつの物語に仕立てあげたという事実である。このエピローグによって、読者は、「侍女の物語」は男性研究者の介入によってしか成立し得なかったことを知る。さらにいうならば、歴史学という知、そして書くという行為は男性の特権であり、彼らは語り手の苦悩に何の興味も示さず、物語そのものの真偽を問うことに専心している。「侍女」はやはりモノとしてしか扱われないのである。

アトウッドの『侍女の物語』は、人間の身体だけを特別視する制度にジェンダーの視点をからませ、私たちがすでに経験してきた、そして現在も解放されたとは言い切れない問題を鋭く批判する警告の書である。

（三杉圭子）

引用文献

＊1 『侍女の物語』M.アトウッド 一九八五 斉藤英治（訳） 早川書房 二〇〇一

第九章　ジェンダーとセクシュアリティ

ジェンダーと
セックスとセクシュアリティ

第一章で「ジェンダー」と「セックス」の違いについては理解していただけたと思うが、これに「セクシュアリティ」が加わると、「えっ、ちょっと待って、わからなくなってきた」と思う人が多い。そこで、もう一度用語の整理をしてみよう。

まず、「セックス」は生物学的な性別で、身体構造に関連するところで人を男女に区別するもの。そして、「ジェンダー」は社会的・文化的な性別で、女らしさや男らしさ、女性の役割や男性の役割など、社会的・文化的な特性を男女という対にカテゴライズするものだ（第一章参照）。ところが、「セクシュアリティ」は性にかかわる心理や行動、価値基準などを表すもので、性行為に代表される生理学的な現象よりもむしろ、心理的・社会的な現象だ。わかりやすくいうと、性行為は子どもをつくるためや、また体内にたまった精液を排出するために行うというのが生理学的な説明だと思うが、発情するための刺激がなければ性行為はできない。この、刺激に反応して発情する脳細胞内の装置が、セクシュアリティなのだ。たとえば、恋愛。相手を好きになると、相手と抱きあいたい、キスしたい、裸で触れあいたい、という気持ちになる。これが、性にかかわる心理や行動の例だ。あるいは、ポルノ写真やエロティックな映画を見て発情する人もいる。この二つの例の共通点は、どちらも性行為にいたるべき欲求が、人の頭脳から発信されていることだ。だから、セクシュアリティは性行為そのものを意味するのではなく、その背後にあって、人を性行為へと駆り立てる装置ということができるだろう。

しかし、セクシュアリティは、社会によって規制されていることが多々ある。たとえば、映画の中の裸体でのラブ・シーンは映倫によってぼかされているし、インターネットでめったやたらにポルノを見ることにも規制がかけられている。つまり、社会が人の性衝動を、社会にとって害のない、安全な方向にチャンネライズしているわけだ。だから、人目につくところで欲情してはならない、恋人や結婚相手でないと欲情してはならない、なんて規制を、多くの人が意識もせずに自らに課している。私たちは性をめぐるこのような規制を無意識のまま受け入れて、自分の好みや考え方だと思い込んでいるのだ。

M・フーコーとセクシュアリティ研究

そもそもセクシュアリティが研究対象として認められるようになったのは、今からほんの数十年前である。それ以前は、人間の欲望は生理学的な現象と見なされ、時代や社会が変化しても、本質的には変わらない普遍的なものと考えられていた。こうした概念をぶち破ったのが、セクシュアリティ研究の元祖、ミシェル・フーコーである。

フーコーは、一九二六年に生まれ、一九八六年に亡くなったフランスの哲学者だ。彼は晩年に『性の歴史』という未完の大著を書き残した。この著書は三巻から構成され、それぞれ『知への意志』『快楽の活用』『自己への配慮』というサブタイトルがつけられている。これら三巻のうち、私たちの論点にとって重要なのは、第一巻の『知への意志』だ。以下、この『知への意志』にしるされた、セクシュアリティに関するフーコーの基本理論について、少しふれておこう。

フーコーは、十八世紀から二十世紀までの近代の時代ほど、セクシュアリティについて多くのことが語られた時代はなかったと述べている。なぜなのか？ 性の解放が大っぴらになったのはごく最近のことで、昔は性について語るなんて世にはばかられたのではないか、と思う人がいるかもしれない。けれども、フーコーによると実態はやや異なる。西欧では十八世紀以降、フランスを皮切りにイギリス、ドイツ、イタリアといった近代国家が、次つぎに誕生していく。これらの国家は労働力や兵力を確保するために、国民の人口に関心をもつようになる。国の労働力や兵力を増強させるには、国民の出生率を高めて人口増加を図らなければならない。しかし、出生率を高めるためには、国民の生殖行為を統制して、これを「正しい」、つまり国家にとって望ましい方向に導き、出生を促進する必要があった。

そこで、一方では一夫一婦制に基づき、国家が合法的と定める結婚を経て形成される家族こそが「正当な」家族であり、性的な欲望を満足させるべき場はあくまで夫婦の間で、それが次世代の出生をうながすよう、婚姻法、家族法など「正当な」夫婦や家族を保護するための法整備が、国家によって推し進められた。そして、他方では、セクシュアリティに関して国家が定めるこのようなルールを逸脱する者たちを罰したり、教育したり、矯正したりするシステムがつくりだされる。たとえば、堕胎や避妊に対する処罰や禁止を強化したり、子どもを産みたくない女性が「ヒステリー女」として精神科医による治療の対象となったり、オナニーを行う青少年に対して、「そんなことにふけっていたら不能になる」といった警告が教育の場でなされたり、同性愛が「性的倒錯」とされたりした。つまり、社会の流れから「逸脱」する人々は、「性的異常」のレッテルを貼られ、「正常」な方向へもどるよう治療され、指導され、矯正されたのである。そして、二十世紀になると、セクシュアリティの社会的管理は、遺伝子的に優れた子孫をつくりだすための科学として誕生した優生学と結びついて、国家が障害者や遺伝病患者などに断種手術を強制するようになる。

だから、近代国家はフーコーによると、国民の身体をゆるやかに管理する国家であり、このような国民の生殖行為の管理は、「生命を管理する政治学」（フランス語で「ビオ・ポリティーク」、英語では「バイオ・ポリティクス」）とよばれている。

さて、このような歴史の流れは西欧のもので、私たちが生活している日本は関係ない、と思ったら大間違いだ。日本もまた、西欧諸国と似た歴史的プロセスを経て、現在にいたっている。日本の近代においてセクシュアリティの社会的管理がどんなふうに推し進められたか、駆け足でたどってみよう。

セクシュアリティと近代の日本

あなたは、江戸時代というと、性に関する規範が厳しい時代だったと思っているかもしれないが、厳しい規範を強制されていたのは、じつは武士身分の女性だけで、それ以外の農・工・商の間では規範はゆるやかだった。たとえば、農民の若者たちの間では「夜這い」という、夜間に娘の家を訪ねて、娘と一晩を一緒に過ごす習慣があった。一晩を一緒に過ごしてみてお互いに気に入れば、若者は同じ娘の家に通い続け、結婚にいたることが多かったが、そうでない場合は男女とも別の相手を探しあうことができた。私はかつて高山の飛騨民俗村をおとずれたことがある。合掌造の民家の中には中二階が設けられていて、そこへ上がるのに、階段ではなくはしごが設けられていた。地元のガイドさんによると、中二階は娘の寝室で、夜間そこへ若者が通ってくると、はしごは中二階の部屋に引き上げられた。家の者ははしごが引き上げられているのを見ると、夜間の訪問者がいることに気づいたが、誰もそれをとがめたりはしなかった。合掌造の家では三十人くらいが生活できたという。ガイドさんは家系図を見せてくれたが、時折父親が不明な子どもの名前が書かれていた。そうした子どももこの大きな家の中で育てられ、皆と一緒に生活していたそうだ。なんともおおらかな話である。また、「娘宿」「若者宿」とよばれる家に結婚前の若い男女が集まり、集団交際をしながら結婚相手を選んでいた地域もあった。

ところが、ご存知のように、明治以降の日本は脱亜入欧（文明化が遅れたアジアから脱し先進文明地域である西洋諸国の仲間入りをすること）をめざして、欧米の文化を取り入れるようになる。特に明治末期から大正期にかけて、日本では欧米に習って臣民の風俗習慣を改善しようとする動きが見られるようになる。その結果、「夜這い」は欧米の性規範にそぐわない「野蛮な習慣」としてやめさせられ、それに代わって「健全な」男女の交流の場として「青年会」や「処女会」が設けられた。

また、人口政策についても、日本では一九〇七年に刑法で堕胎罪が定められるまで、堕胎（人工妊娠中絶）は犯罪とは見なされなかった。堕胎や子殺しに対する規制が厳しくなる背景には、国を豊かにし、兵力の強化を目的とした富国強兵政策があった。そして、第二次世界大戦中の一九四〇年に、障害者や遺伝病患者に不妊手術を強制する「国民優生法」が制定される。この「国民優生法」は大戦後の一九四八年に、「優生保護法」に改名されたが、「優生上の見地から不良な子孫の出生を防止」という文言は、一九九六年にこの法が「母体保護法」に改められるまで残された。そして、大戦後の日本では、「優生保護法」の中の「経済的理由」に関する条項によって、妊娠三ヵ月までの人工妊娠中絶が認められるようになり、また、「家族計画」の名のもとにオギノ式とコンドームによる避妊法が普及していく。これは、多産多死の時代から少産少子の時代へ、そして夫婦と子ども二人からなる家族を高度経済成長以降の日本に見合った家族とするのに役立った。さらに、少子化と高齢化社会の加速化、また環境汚染によって男性の精子の生殖能力が弱まっているといわれる現在、不妊治療の奨励やバイアグラの承認によって国家が再び国民の出生率を高めようとする動きが見られる。こうした流れはまさに、フーコーが西欧について語った理論に当てはまるのではないか。

同性愛と異性愛

さて、セクシュアリティ研究に大きなインパクトを与えたのは、ゲイとレズビアンからの問題提起である。先に述べたフーコー自身もゲイであり、それゆえにセクシュアリティの問題を深く希求した人だった。

セクシュアリティの方向性を、性的指向（セクシュアル・オリエンテーション）という。そして、その方向が同性に向いていると、同性愛、異性に向いていると異性愛と分類している。しかし、女性の同性愛の人はレズビアン、男性同性愛の人はゲイと、自らをよぶ。「彼女の恋人って、○○よ」と言われると、多くの人は彼女の恋人は男性だと思う。ところが、彼女の恋人が女性だとわかると、「えーっ」と驚く。「彼って、ホモよ」「やだー、気持ち悪ーい」なんて会話が時どき交わされる。なぜなのか。こうした反応はひとえに、「人間は異性に恋するものであって、同性に恋するのはおかしい」という、私たちの中にある無意識の刷り込みのせいである。

けれども、この無意識の刷り込みは、セクシュアリティを管理するために国家や社会によって設けられた目に見えない装置にすぎない。キリスト教やイスラームは同性愛を禁じているが、それはこれらの宗教が生まれた社会が多産多死の社会で、次世代の確保が、その当時の大切な課題だったからだ。けれども、フランスやオランダ、ドイツなどの国々では近年、ゲイとレズビアンの結婚が公認され、同性の夫婦が養子を取ることも認められてきている。しかし、日本では同性愛を禁じる宗教や文化はないが、上に述べたように、同性愛に対する偏見は根強く、レズビアンやゲイは、異性愛者を装わなければ生きにくい社会となっているのが現状だ。レズビアンやゲイと異性愛者は性的指向以外になんら違うところはないのに、そのことが正しく理解されていないのである。日本では、小学校や中学校のときに、「ホモ」とか「レズ」といった言葉を何気なく覚えてしまう人が多い。けれども、「ホモ」や「レズ」は、「ジャップ」（「ジャパニーズ」を短くした言葉）が日本人に対する蔑称となるのと同じように、ゲイやレズビアンの人々を差別してよぶ言葉だから、使ってはいけない。

蔦森樹さんという、トランス・ジェンダー（ジェンダーの越境）の実践を試みているエッセイストがいる。彼は生物学的には男性だが、その装いや言葉使いは女性そのものだ。彼がこのような実践を試みるようになったのは、ある朝鏡に映ったヒゲ面の自分を醜いと感じ、「なぜ、男がきれいになりたいと思ってはいけないのか」と疑問をもったことが、きっかけだそうだ。

しかし、蔦森さんと違って、自分の生物学上の性が自分の認識上の性と一致しなくて悩み続ける人たちがいる。このような状態を医学的には性同一性障害とよび、日本でも近年、性同一性障害に悩む人たちの治療として、ホルモンの投与や性転換手術が行われるようになってきている。こうした動きはたしかに喜ばしいこととして受けとめられるけれども、その一方で、性同一性障害の「病気」としての側面が強調されすぎると、この障害に悩む人たちへの理解を阻んでしまうのではないかと危ぶまれる。つまり、「こうした人たちは病気なんだ、私は違う」といった差別化を助長する恐れがあるからだ。トランス・ジェンダーや性同一性障害は性的指向を軸としたカテゴリーではないので、ゲイやレズビアンと混同されてはならない。

また、これらの用語とは別に、ホモソーシャルという語がある。これは、元来は社会における同性同士の人間関係をさしていた語であるが、近年は、とりわけ男性中心的な社会制度を支える男性間の連帯のきずな——そこでは、女性は排除される——を示すものとして、文学や歴史の分析軸として用いられるようになってきている（コラム18参照）。

「欲情の着ぐるみ理論」

日本のセクシュアリティ研究者のひとりである伏見憲明さんは、『〈性〉のミステリー』[*1]の中で、自説「欲情の着ぐるみ理論」を打ちだしている。この理論は、セクシュアリティとジェンダーイメージの関連性についてうまくまとめている。

「私たちが欲情しているものは、生物学的な「性」の現実（セックス）ではなく、その上にまとっている社会・文化的な「性」（ジェンダー）によって具現化された「女」像／「男」像である」。このような「女」ジェンダー／「男」ジェンダーを、伏見氏は「女制《せい》」「男制《せい》」とよぶ。そして、「私たちは熊やカエルのぬいぐるみを着込むように、男制と女制という着ぐるみを入念に頭からかぶって、恋愛市場にくりだすことになる」。ところが、「恋愛市場でもてはやされるためには、そこで現在、流通しているジェンダーイメージの傾向と対策を学ぶことが必要になってくる」。つまり、恋愛市場で現在流通しているジェンダーイメージの傾向こそが、伏見氏によれば、「流行」なのだ。

「流行というのはまさに、セクシュアリティの反映なのである。だからこそ、人は流行りのものに飛びつき、それをいち早く取り入れようとする……（中略）……個性というのは恋愛市場では鬼門である。個性的になればなるほど全体のモードからズレていってしまうわけだから、恋愛市場においては不利になる。ファッション雑誌などで推奨される個性というのは、モードからまったく離れてしまわない程度に差異化を図って自己主張しよう、というものだ。つまり、パンツの色やポイントに多少独自色は出しても、パンツ自体をももひきに替えてはいけないのである」。

つまり、私たちのセクシュアリティは多大にジェンダーイメージによって支配され、流行がそれぞれの時代のジェンダーイメージをつくりあげている、というのである。

さて、この引用箇所の最後に出てきた「ももひき」（ラクダのパッチ）という言葉を聞いて、あなたは何を連想するだろうか。それはきっと「オヤジ」や「老人」に違いない。すると、「老人」は恋愛市場から排除されている、ということになる。初老の男女の恋愛は、日本ではまだまだまじめに理解されていない。だから、寒くても、少々年をとっていても、「ももひき」をはいて恋人に会ってはいけないのだ。けれども、「ももひき」を身体にぴったりした黒のレオタードのようなものに変えると、とたんにセクシーに見えたりする。セクシュアリティとは、摩訶不思議なものだ。

「ももひき」の例ほど極端ではないが、テレビドラマでしばしば、シングルの女性を演じる女優がミニ・スカートをはき、妻や母親の役を演じる女優が膝下までの丈のロング・スカートをはいていることがある。ミニ・スカートとロング・スカート、どちらがセクシーかは、もちろん前者であろう。これは、セクシュアリティの対象となるのは未婚の若い女性で、妻や母はセクシーであってはならない、という異性愛の男性にとって都合の良いジェンダーイメージである。逆に、恋人募集中の若い男性を演じる男優が短パンをはき、夫や父親の役を演じる男優が長いズボンをはいて登場するドラマがあるだろうか。ちょっと想像するだけで、ずっこけてしまうだろう。それなのに、女性のスカートの場合は、注意していないと、すんなりと受け入れられてしまう。女性社員の制服が膝上の丈になっているのも、未婚の女性を社員として想定していることの反映なのだろう。もちろん、深いスリットの入ったセクシーなロング・スカートみたいに、例外的なケースもあるけれども。

「日本の女性は結婚すると母になり、女でなくなる」と、ドイツ人の友人が私に言ったことがある。なるほど、と思う。しかし、このようなシングルの若い女性はセクシュアリティの対象で、妻・母は生殖と家事の担い手というように女性を分断することは、男性中心的な性のダブル・スタンダードにほかならない。そして、そのなれのはてが援助交際に象徴される中年男性と制服少女の関係になってしまう。このように見ると、日本におけるセクシュアリティの主流は、多分に男性中心的で、エイジズム（「老人」差別）をはらんだものといえよう。

けれども、このようなセクシュアリティのあり方は、一歩日本の外へ出ると、必ずしも主流ではなくなる。たとえば、イタリアでは、日刊紙のコマーシャル（テレビ）で、裸でパンツだけの男性が手錠でつながれてベッドに仰向けになっていて、その横で女性がのんびりと新聞を読んでいるというシーンがあった。また、イスラーム圏では、ベールで髪の毛を隠した女性のほうが、そうでない女性よりセクシーに見えたりする。だから、本来セクシュアリティは多様なはずなのだ。

多様な生き方をめざして

イタリアでは、女性が男性より強くなったといわれている。かつては男性がパートナーを選び、家庭でもリーダーシップを取っていたが、今やそうしているのは女性だ。子育てに積極的に参加する父親も増えている。また、ゲイとレズビアンも、パーティーを開いて共同生活の開始を祝い、指輪をつける。パートナーが同性である以外は、異性愛者のカップルとなんら変わらない生活をするようになってきている。このような時代の流れを嘆く人もいるが、私はむしろ選択肢が多い社会のほうが、生きやすい社会だと思っている。日本では、セクシュアリティもライフ・スタイルも、まだまだ流行やマジョリティに従っていれば安心というきらいがある。女子学生の中には「就職できなかったら、結婚しよう」と考える人が時どきいるけれども、就職と結婚を結びつける前に、多様な生き方を模索してみてはどうだろう。

読者のための参考図書

『フーコー――知の教科書』桜井哲夫　講談社　二〇〇一

M．フーコーと彼の理論についてお勧めできる入門書で、人はいかにして服従する主体となるのか、言説を形成している知の様式は時代や文化によってどのように変化するのかが、簡潔でわかりやすく解説されている。

『オトメの身体――女の近代とセクシュアリティ』川村邦光　紀伊国屋書店　一九九四

近代の日本女性がどのようにしてセクシュアリティと身体を管理されるようになっていったかを、フーコーの理論をもとに実証的に解明しようとした意欲作である。

『男でもなく女でもなく』蔦森樹　朝日新聞社　二〇〇一

トランス・ジェンダーを実践しておられる蔦森さんの主要な著書で、著者が新しい生き方を選択してから直面した社会とのあつれき、疑問、葛藤が具体的に生々しく綴られている。日本の社会や文化を見直すうえでも参考になる。

コラム16

イタリア人とセクシュアリティ

イタリア語を学ぶとき最初に覚える単語のひとつは、おそらく「アモーレ」だろう。「アモーレ」はふつう「恋愛」「愛」と訳しているが、エロスといったほうがぴったりだ。日本では「性愛」と訳したりしているが、エロスとは元来、ギリシア神話の美の女神ヴィーナスの子どもで、恋愛の神様でもあるキューピッドを意味する。キューピッドの愛の矢に射られた者は、恋する相手への思いにとりつかれ、いても立ってもいられなくなる。食事ものどに通らない。まさに、「恋の病」にかかったわけだ。つまり、「アモーレ」とは感じるもので、「一目惚れ」に近い概念なのである。だから、「この人、自分にあうかなあ」なんて考えるのは、「アモーレ」ではない。そして、老いも若きも「アモーレ」に関心をもつ。「アモーレ」に年齢制限はないのだ。それから、英語にもフランス語にも同様の表現があるが、〝fare l' amore（ファーレ・ラモーレ）〟は、「セックスをする」という意味だ。だから、「アモーレ」は「セックス」そのものをも意味する。

一般に、イタリア人は自分の意志を主張するのが好きで、それは性に関しても当てはまる。女性はけばい化粧をして、襟ぐりの開いたシャツやセーターにミニ・スカートや足にぴったりしたジーンズをはき、誇らし気に街を闊歩《かっぽ》する。男性も日焼けした肌に香水をつけ、ボタンをはずしたシャツから見える胸に金のペンダントを見え隠れさせている。ズボンの上に鮮やかな赤のチョッキを着ているロマンス・グレーの紳士もめずらしくない。ネズミ色のスーツが主流の日本人男性とは違って、他者の目を楽しませてくれる。つまり彼らは、見られるのが好きなのだ。ファッションにも、自己主張がある。また、日本では女性に「しとやかさ」を求め、妻や恋人には薄化粧や目立たない服装をさせたがる男性がまだまだ多いようだが、イタリアの男性は自分の妻や恋人がセクシーに見えることを喜び、誇りにしている。けれども、こうした特徴にはネガティヴな面もある。

本章で「日本の女性は結婚すると母になり、女でなくなる」というドイツ人の言葉を紹介したが、イタリアでは逆に、中高年になっても夫が妻に「女性らしく」化粧して美しく装い、帰宅する自分を迎えてくれることを望むし、妻のほうも美容院に行った日は、夫から「今日はきれいだね」などと言われることを期待する。こうした面は日本の夫婦や恋人にも多少はあるだろうし、個人の好みの違いにもよるだろうが、概してイタリア人の場合は相手に対する要求度がより強いように思われる。さらに、これはイタリアだけでなく西洋文化圏全体に当てはまることかもしれないが、同性愛関係であれ異性愛関係であれ「カップル志向」が強いことだ。だから、カップルが別れると、お互いにすぐに次のパートナーを探す。まるで、競争のように。ひとりでいることの不安や欠落感がよりかき立てられる社会のように思われる。

日本でもそうだが、イタリアでは若い世代の間で、服装や話し方、しぐさなどに関して男女の性差がなくなってきている。たとえば、「男っぽい」話し方をする女の子もいれば、眉毛の手入れを欠かさない男の子もいる。もちろん個人差はあるが、一般に14歳くらいから恋愛のパートナーを探すようになる。避妊の方法は、おもにピル。出会いの場は、圧倒的にディスコ。土曜の夜、いや日曜日の朝3時、4時に恋人を連れて帰宅、そのまま一緒に部屋で眠る。日本では子どもが恋人を部屋に泊めるのを許す親はまだ多くないと思うが、イタリアではそれがふつうになってきている。けれども、この状態が何年も続いて20代の後半になっても、30代になっても、自立せず親と同居したままである。こうした背景には、若年層の失業という深刻な社会問題がある。大学を卒業しても定職がなく、一年や数カ月の契約雇用が見つかればまだ良いほうで、そうでなければ何年も失業状態が続くこともめずらしくない。こんな状況だから、とても結婚したり、ふたりでアパートを借りたりする決心がつかない。だから、パートナーがいても、いつまでも親と同居し、お互いにお互いの部屋に泊まりあう生活が続くのだ。このような子どもたちの生活を、親はけっして満足して見ているわけではない。親が子どもたちのためにお金を出してアパートを借りてやったり家を買ってやったりしないかぎり、ほかに選択肢がないから、親も黙っているにすぎない。けれども、こんな生活が続いたら、もはや恋愛にもセックスにもスリルはなくなってしまうのではないか。パラサイト・シングルならぬパラサイト・ダブルとでもよぶべき現象だ。

（高橋友子）

参考図書

『三面記事で読むイタリア』P．シルヴィオ　内田洋子（訳）　光文社　二〇〇二

『破産しない国イタリア』内田洋子　平凡社　一九九九

コラム17

ポルノグラフィー

セクシュアリティが心理的、社会的要因によって形成されることを確認したうえで、消費社会における性の商品化、すなわちポルノグラフィーについて取りあげよう。

日本のマスメディアは性描写についておおむね寛容である。あるいは鈍感というべきか。通勤電車の中でもスーツ姿の男性が女性の裸をグラビアにした週刊誌を開き、セックス記事を載せたスポーツ新聞を読み、一般の新聞にさえそれらの雑誌広告が掲載されている。ふと目を上げると吊り広告にも同類のものがあふれている。これらの現状が示しているのは、性が商品価値をもっていることにほかならない。そして私たちは、時として、無自覚にその消費者となっている。

ポルノグラフィーはセクシュアリティの形成に少なからず影響力をもっている。性的なことは私的であると同時に公的なことになり得る。しかし、ポル

ノグラフィーは売り手と買い手の市場原理によってつくりだされた大衆レベルの虚構としての側面をもっている。それは女のセクシュアリティ、男のセクシュアリティとはこのようなもの、というステレオタイプをつくりあげる。ヘテロセクシュアリティが主流として位置づけされていることはいうまでもない。パターン化された商品としての性行為の断片が、人々のセクシュアリティのあり方を操作しているともいえる。

広告メディアでよく見られるのは、画面の内外にいる男性への女性の媚びるようなスタイルやしぐさ。たとえば口紅の広告には明らかにキスシーンを思わせるくちびるがクローズアップされる。スタミナドリンクの広告では筋骨たくましい男性がその性的「男らしさ」を強調している。多様化が進んでいるとはいえ、テレビドラマやハリウッド映画は、くり返し「セクシーな女」と「セクシーな男」の物語をつむぎ続けている。このようにして社会通念としての性的観念が刷り込まれることによって、私たちはいつのまにか商品化されたポルノグラフィックな性に支配されかねない危険性がある。

さらには、明らかなポルノグラフィーとしてのアダルトビデオ、映画、雑誌が街にはあふれている。そこでは性的虐待さえもが商品価値をもち得ることがある。そして、消費にとどまらず、被害者が生まれている場合も実際にはあるのだ。アメリカでは、ポルノグラフィーによって人権を侵害された被害者を法的に救済しようという運動が展開されている。この運動は、アンドレア・ドウォーキンとキャサリン・マッキノンを中心として一九七〇年代から推進されてきたが、彼女らは、ポルノグラフィーは性差別の実践であり、女性を男性の欲望の対象として、モノとして扱う暴力にほかならないとしている。そのうえで、ポルノグラフィーの生産過程あるいはその消費が原因となって性的虐待を受けた被害者は、加害者に対して訴訟を起こす法的権利があるとして、反ポルノグラフィー公民権条例、通称マッキノン・ドウォーキン条例の制定を主張している。これは女性だけの問題ではない。他方、表現の自由として性描写に対する規制に抵抗する動きも根強い。

ポルノグラフィーをめぐるさまざまな論争は容易に解決されるものではない。現状では、マッキノン・ドウォーキン条例は事実上運用されていない。ただ、消費者は、実際にそこに被害者がいる場合もあること、そして商品化される性の所有者の人権が守られるべきことを忘れてはならない。また、マスメディアに氾濫するポルノグラフィーは、おおむねステレオタイプ化されたセクシュアリティの、かぎられた側面を脚色した商品にすぎないことを知っておくべきだろう。

（三杉圭子）

参考図書

『ポルノグラフィー――女を所有する男たち』A.ドウォーキン　寺沢みづほ（訳）　青土社　一九九一

『ポルノグラフィと性差別』A.ドウォーキン・C.マッキノン　中里見博・森田成也（訳）　青木書店　二〇〇二

コラム18

小説でセクシュアリティを読む

セクシュアリティがどのように文化的に構築されているのかということが明らかになってくると、小説の読み方も変わってくる。異性愛（ヘテロセクシュアル）を正常とし同性愛（ホモセクシュアル）を異常なものとして差別する性規範が近代の産物であることに加えて、今では、異性愛社会における男同士の結びつきの強さを説明するホモソーシャルという概念も提示されている。いわゆる「男社会」の状態を説明する言葉として理解するとわかりやすい。それはヘテロセクシュアルな社会だけれど女性を排除している。男たちは女と結婚するけれど、社会を男同士の関係によってつくり、妻となった女は社会参加できないからだ。そして、男性同士の結びつきが非常に強いのにもかかわらず、同性愛を差別している社会である。こうした新しい見方で小説を読むと、これまでとは違った意味が浮かびあがってくる。

　夏目漱石の『こころ』（一九一四）という作品を例に取りあげてみよう。先生とKと静という男二人に女一人の三角関係と、そのおよそ十五年後、先生と静（先生の妻となった）と先生を慕う青年の関係を描いた小説だ。友情と衝突する恋愛という異性愛物語が読まれてきた『こころ』だが、八〇年代に注目されたのは、先生とK、青年と先生の父―息子的な濃い関係だ。静が、先生とKの関係においても青年と先生の関係においても秘密を知らされず、いつも問題の外に置かれていることも指摘された。そして九〇年代、彼らの関係に同性愛的な欲望を見る読み方が重ねられた[*1]。そしてさらに、その男性間の関係は、同性愛的なものではなくホモソーシャルなものなのだという指摘が出た[*2]。つまり『こころ』は、異性愛を基盤としているとはいえ女性排除的で、男と男のホモソーシャルな関係を語る典型的な小説と読めるのである。また一方で、先生が、叔父の裏切りに気づいたときのショックという人生観を変えた苦しい瞬間を説明しようとして、女性が美しいものだということを発見したときの喜びに満ちた驚きに例えているという奇妙さに注目すると（両者に、内容的な類似点はほとんどないのに！）、あらゆる人間関係を理解するモデルとして、いつでも異性愛的な文脈を使ってしまうという先生の語りの特徴が見えてくる。となると『こころ』は、異性愛が非常に強制的に人の考え方に入り込んでいることを示した小説ともいえるのだ[*3]。こんなふうに、読み方によって、小説は姿を変えてきた。

　明治四十三年に朝日新聞の懸賞小説一等に選ばれ連載された田村俊子の『あきらめ』（一九一一）は、主人公である女学生富枝と下級生の染子を「恋人」といわれるような親密な関係として描いたが、当時それは、特に問題にならなかった。現代の私たちは、そこに同性愛的な関係を読む。現代には、松浦理英子の『ナチュラル・ウーマン』（一九八七）など、同性愛を描いた小説がいくつもある。そして、その松浦が二〇〇〇年に書いた『裏ヴァージョン』は、レズビアンという言葉に抵抗しながら、しかも女性同士の親密な関係を描こうとする小説でもある。こ

うした小説そのものの変容に刺激されながら、作品のあらたな読みかえが続けられている。（飯田祐子）

引用文献

＊1　『漱石を書く』島田雅彦　岩波書店　一九九三
＊2　『夏目漱石を江戸から読む』小谷野敦　中央公論新社　一九九五
＊3　『彼らの物語』飯田祐子　名古屋大学出版会　一九九八

参考図書

「あきらめ」田村俊子　『田村俊子作品集』第一巻　オリジン出版センター　一九八七
『裏ヴァージョン』松浦理英子　筑摩書房　二〇〇〇
「こころ」夏目漱石　『漱石全集』第九巻　岩波書店　一九九四
『ナチュラル・ウーマン』松浦理英子　河出書房新社　一九八七

第十章　性暴力とジェンダー

性と暴力の結びつき

性暴力という言葉は、性と暴力が組み合わさってできている。私たちにとって性は、人生に喜びをもたらす大切な一部分だ。ところが、一方で、それが暴力としてはたらくことがある。痴漢やレイプ（強姦）、ドメスティック・バイオレンス（夫や恋人など親密な関係にある者から受ける身体的・性的・心理的暴力）やセクシュアル・ハラスメントなど、性暴力は私たちの日常にあふれている。そして、性暴力には、一般の暴力と違う重要な特徴がある。

はじめに理解しておきたいのは、被害者が、被害を訴えることができない場合があるということだ。あなたならどうするだろう、自分が性暴力を受けたとき。警察やあるいは身近な人に、すぐに訴え相談することができるだろうか。セクハラのパンフレットなどに時折書いてあるのは、「勇気を出して」声をあげようという言葉だ（今は、こうしたよびかけは、被害者に負担を強いることになるので、好ましくないとされている）。性暴力は、それを訴えるのに、被害者が「勇気」を出さなければならないものだと考えられているのである。財布を盗まれたときあるいは誰かに殴られたとき、私たちはそれを訴えるのに、あまりためらわないはずだ。「このあいだひどい目にあってさあ」と、友達と気楽に話題にできる。しかし、性暴力の場合はそうはならない。被害者は、自分に非がないのにもかかわらず、被害にあったことを隠したいと考えたり、知られたくないと考えたりする。ここにまず、大きな特徴がある。誰かに相談したら、黙っているほうがいいと言われてしまう場合もある。性暴力は、それが表面化したときに、被害者のほうがなんらかのリスクをさらに負うことになる場合が非常に多いからだ。

そのこととも関係しているもうひとつの特徴は、加害者ではなく被害者が責められてしまうということである。「女の子は、暗い夜道を通ってはいけない」「女の子は、短いスカートをはかないほうがいい。もし好き好んでそうするなら、危険にあってもしかたがない」、今ではそろそろ古くなってきているかもしれないが、誰もが知っているフレーズだ。そして、被害にあった女性を攻撃するとき、こうしたフレーズがいつでも復活してくる。「あなたにも落ち度があったんじゃないの」「あなたが挑発したんじゃないの」「なんで抵抗しなかったの」。相談した友人や親からその言葉がもれる場合もあるし、裁判所や警察でそう言われることもある。さらには事件そのものと関係のないプライバシーが調べられ、暴かれ、好奇の目を向けられる。裁判では、被害者の証言を好んで聞きにくる傍聴者すらいるという。性暴力を訴えた場合、こうした形での人権侵害が必ず起きてきたので、今では、「セカンドレイプ」という言葉ができている。レイプを告発した後、解決のための過程で、さらに被害を受けることを説明する言葉だ。

そして、加害者と被害者のジェンダーは、ほとんどの場合、前者が男性で後者が女性だ。傷つけるのは男で、傷つけられるのは女。そうした現状があるから、また女性は危険にあわないよう、注意をしなければならないとされる。しかし、問題なのは、女性のほうなのだろうか。それはおかしい。問題があるのは、性と暴力を結びつけてしまうほうだろう。

性と暴力。どうして、どのように、どういう関係において、この二つの要素が結びつくのか、そして、それがどのようにジェンダーと関係しているのかについて、この章ではじっくり考えてみよう。私たちにとって豊かなものであるはずの性を、暴力と結びつけないために、だ。

セックス(性行為)には種類がある

あなたも気がついていると思うけれど、基本的に、性的なルールにはジェンダーによる差がある。たとえば先にも書いた「女の子は、暗い夜道を通ってはいけない」というフレーズ。「男の子は……」とは言われない。電車の吊り広告を見ればわかるように、世の中には女の裸はあふれているけれど、男の裸はそうでもない。性的な冗談、いわゆる下ネタを口にすることは、男の子より女の子のほうが少ない。男の子にとって性的な経験が豊富なことは悪いことではなく、男らしさを高めるけれど、女の子にとって性的な経験が多いことは、望ましくないと思われてきた。結婚前にセックスをすることは、男の子にとっては何の問題もないけれど、女の子にとっては望ましくない(今では、ずいぶん事情は変わっているけれど、「お嫁に行くまでは……」というせりふがあることを、あなたも知っているだろう)。これらの違いがどうして起こるのか、少々遠回りになるけれど、セックスそのものについて考えるところから始めよう。

まずはじめにふまえておきたいのは、セックスには、大きく分けて二つの種類があるということだ。一つは、生殖に結びついた性で、もう一つは、生殖に結びつかない快楽としての性だ。近代家族の成立とかかわって（第四章参照）、セックスのあり方も変化したが、そのとき起こったのは、この二つの区分の明確化である。「愛情で結ばれたホーム」が理想となって、一人の夫と一人の妻という組み合わせで結婚し家庭をつくり、生殖（セックス）を行い、生まれた子どもを育てるというあり方が、あるべき家族の姿になった。一夫一婦制が徹底されるようになったのは近代だが、それは、それぞれの生殖（子づくりと子育て）が家庭の中で行われるようになったことを意味する。妻が一人でなく、またその立場もさまざまであれば、家の内外に関係なく子どもが生まれていたことになるからだ。もちろん実際には、家庭の中のセックスのすべてが、生殖に結びついているわけではない。よくいわれることだが、子どもの数だけしかセックスしなかった夫婦など、あり得ない。だからここでは、実際がそうだというのではなく、そういうイメージが規範としてつくりあげられたということを理解してほしい。家庭の中のセックスが子づくりとセットにされ、その一方で、家庭の外のセックスでは妊娠が避けられることになったということだ。

重要なのは、家庭の中の性が生殖に結びつけて理解されるとき、それは安全で社会的な行為として受けとめられ、一方、家庭の外の性はそれと対置されるので、危険で興奮に満ちた非社会的な行為となるということだ。たとえば、家庭には主婦として母として生活を支えてはいるものの女としての魅力を失ってしまった妻がいて、それにうんざりした夫は、家庭の外にセクシーな魅力にあふれた恋人をもつという図式がある。ドラマの設定などでおなじみである。これを妻の側から描けば、「私だって、一人の女なのよ」とかいう誰もがどこかで聞いたことのあるせりふになる。このせりふは、母であり妻である女性は「女」として扱われないということを前提としている。子どもたちは、「お母さんも、一人の女だったんだ……」と気づいたりする。こういうドラマが存在し流通しているのは、家庭には、生殖としての性はあるが、快楽としての性はないというイメージを、私たちが心のどこかにもっているからだ。

性道徳とジェンダー

さて次に、ジェンダーによってセックスとのかかわり方が異なることについて説明しよう。まず女性について考えよう。女性にとって、セックスとの関係は複雑だ。というのも、これまで、女性はあまりセックスと結びつかないほうが良いと考えられてきたからだ。もちろん子どもを産むためにはセックスは必要だ。だから性行為そのものが否定されているわけではない。否定されてきたのは、生殖に結びつかない快楽としてのセックスに女性が親しむことである。

女性の理想は、「良妻賢母」だった（これも第四章参照）。今も、そう考えている人もあるだろう。つまり、女性は結婚して家庭をつくり、妻として母として生きていくのが理想だという考え方だ。

社会的に高い評価を与えられる女性は、そのような家庭的な女性であった。いわゆる「まっとうな」女の生き方とは、この家庭の領域からはずれないもので、少女から妻へそして母へ、まっすぐに進んでいくことをさしていた。ここで、家庭が、快楽としての性を排除してきたことを思い出してほしい。セックスが母となることと結びついていれば、堅実で安定した清潔なイメージをはみ出ることはない。結婚前のセックスも、だから禁じられてきた。結婚前は性にふれず、結婚したら母となり性的な存在ではなくなるのが、女性としての「正しい」生き方だったのである。

さてしかし、一方で思い出されるのは、世にあふれる「女の裸」だ。女性は別の面では、まさに性的な存在として扱われている。男性に女性の性を売る仕事は、たくさんある。たとえば、バーやクラブと名づけられた男性を客とする店では、客は、飲食したものだけでなく、女性の性的サービスに対して代金を払う。風俗業といわれる仕事では、より直接的に女性が性を売っている。そのヴァリエーションの豊富さは、説明しきれぬほどだ。性を売る仕事は、基本的に女性の仕事として成立してきた。買うのは男性である。そして、ここで確認しておかなければならないのは、それらの仕事につく女性が、いわゆる「まっとうな」女性としては扱われてこなかったということだ。「まっとうな」仕事ではないから、「普通」に働くより、高い賃金がもらえるわけである。性的な仕事は、特殊な仕事だと思われている。この仕事の典型的なイメージは、「娼婦」である。「娼婦」をイメージするとき、私たちは、知らず知らずのうちに、夜の風景の中にイメージする。さらにいえば、危険で悪魔的であるのが「娼婦」の理想形だ。性的な女性のいる場所は、家庭とは相容れない特殊な場所としてイメージされてきたのである。

こうしたことからわかるのは、性との関係のしかたによって、女性も二つの種類に分けられているということだ。性道徳という言葉を知っているだろうか。これは、この二分された性についての考え方によってつくられ、女性の正しいあり方を性との関係によって規定する考え方である。性的なものにふれていない「無垢で純粋で汚れのない女性」を理想とし、性にふれた女性を特殊な女性として考える道徳だ。性にふれるときには、「愛」や「生殖」という他の理由が絶対に必要で、それなしに性を求めることは禁じられている。そして一方で、性にふれた女性は「汚れ」「傷物」（ひどい言葉だね）になるという考え方だ。女性の人間としての価値は、このようにして、性と関連して決められてきたのである。

この考え方があるので、女性は性から遠ざけられてきた。性体験の多い女性は、歓迎されない。性行為そのものだけでない、性的なことを話題にすることすら、女らしくないことだと考えられてきた。今これを読んでいるあなたたちの中にも、性的な話をしたり聞いたりすることが非常に苦手な女の子がいるはずだ。自分の性器がどのような形で、自分の性欲がどのようなものなのか、それを知らない女の子もいるはずだ。ある意味で、それは当然の結果なのである。女性は、性的であることを禁じられてきたのだから。それにふれることは「はしたない」ことだとされてきたのだから。

それゆえ、逆に「娼婦」の側を選ぶことには、それ相応の覚悟が必要となる。規範的な女性像からはずれて、社会的な評価の低い特殊な側に移ることになるからだ。高い賃金が得られるのは、社会的価値あるいは女性の人間としての価値を、性とともに売ることになるからにほかならない。そうでなければ、「普通」の仕事と大きな賃金差があるはずがないし、また逆にもし質的な差がないのなら、もっと多くの女性が高い賃金を得られる性的サービスを売る仕事に移るはずである。そうならないのは、二つの領域が、「まっとう」と「特殊」という、質の違うものだからなのである。

さて、それでは男性はどうなのだろう。男性には、このような種類分けはない。ひとりの男が、社会的な評価とは関係なく、「まっとう」な家庭人でありつつ、家庭の外で（バーやクラブや……etc）「娼婦」の側の女性と性的な快楽を得ることを、同時に重ねることができる（よくあるドラマの設定のように）。こうした種類分けがないということは、快楽としての性に自由にふれられるということでもある。たとえば、アダルトビデオ。男の子たちにとっては、ごく普通に親しんでいるもので、情報交換をしたり、一緒に見たりするという。女の子は、そうはしない。彼氏と一緒に見ることはあっても、女性同士で見ることは、ほとんどないといってよいだろう。こうした違いがあるのも、男性が性にふれることがタブー視されにくいからだ。むしろ、自由に性にふれることは男性の特権として、さらにいえば男性性を強めることとして理解されてもいる。だからこそ、性体験の多いことが、女性にとってはマイナスに、男性にとっては圧倒的にプラスに評価されるのである。さらには、セックスの上手下手が、男らしさの評価にかかわると思っている人もあるだろう。それもまた、こうした考え方の産物なのである。男性に対するセクハラのタイプのひとつとして、性体験の有無を公然と聞かれ、経験が少なければからかわれ、経験を積むようにすすめられるということがある。やはり性道徳の縛りがかかっているという点では男性も同じなのであり、それにプレッシャーや反発を感じている男性もいるはずだ。性道徳は、男性と女性にまったく正反対の生き方を選ばせ、それぞれを別べつのしかたで縛っているのである。

こうしたジェンダーによる違いを生む性道徳の問題点を指摘しよう。ここに、性暴力が生まれる鍵があるからだ。

性道徳の罪
まずは被害者としての女性にとって

第一に問題なのは、女性にとって、性が遠ざけられているということそのものだ。自分の性欲を肯定的に認め、自分らしいセックスを楽しむことは、女性には許されてこなかった。とはいえ、最近では、たしかにこの点は変化してきている。自分のセックスのしかたや自分の性的な願望について語りあうことも、できるようになってきた。高校生のセックスについて、10代の若者と保護者の意識に大きな差があるという厚生労働省の調査報告もある。[*1] 高校生の男子67・6%、女子56・2%が「かまわない」と答え、父親は37・3%、母親では54・3%が「良くない」と答えている。高校生で「良くない」と答えたのは、男子2・6%、女子3・9%なのに対し、「かまわない」と答えた父親は、4・1%、母親はわずか1・2%である。性道徳の縛りは、世代によって明らかに異なり、たしかにだんだんとゆるやかになってきている。一方で「私は、別にセックスなんて興味ないし、あまりそんなことについて考えたくない」と思っている人もいるかもしれない。もちろんそれはそれでかまわない。何よりも重要なのは、自分の性について、自己決定することだ。したいときにしたいと言うことができて、そして、したくないときにしたくないと言えることが大切だ。女性が性から遠ざけられていると、したくないときにしたくないとはっきり断ることができなくなる。性的なことそのものについて意見を述べることに慣れていないからだ。「いやよいやよも好きのうち」というフレーズがある（知ってるかな、知らなくてもいいけど）。性道徳的に考えれば、女性は性的なことにふれるのを拒否するというのがルールなので、いつでもまずは「いや」といったり、恥ずかしがったりすることになっている。これが、性暴力の温床になる。本当に拒絶していても、それが伝わらないからだ。

くり返し指摘されてきたことだが、強姦罪を成立させるには、女性が大きなけがを負うほどの、ものすごく強い抵抗を示さないといけなかった。それ以外の場合、つまり、恐怖のあまり抵抗できなかった場合や抵抗したら殺されると思った場合などには、なんと「しかたがない」と思われたり「合意」と見なされ、強姦にならなかったのである。とんでもない話であるが、事実である。しかし、たとえば痴漢にあったとき、すぐに大きな声を出し反撃し犯人を捕まえることができるだろうか。あなたはどうだろう。恐怖のあまり、声もあげられず、動くこともできなくなる被害者は、けっして少なくない。根拠のない「強姦神話」といわれて明確に否定されるようになったのは、「強姦は、見知らぬ男による、突発的なもの」というイメージである。統計的には、強姦の加害者の約半数は、知りあいである。知りあいであれば、事件が報告されない場合も十分考えられるので、そう考えれば、半数以上が知りあいによるものとなる。知りあいであれば、抵抗するのはいっそう難しくなる。これまでの信頼やこれからの関係を考えて混乱する場合もあるし、仕事や学校などでは上下関係がある場合もあるからだ。

セクシュアル・ハラスメントなどは、まさに、このケースに当たる。上下関係があることによって抵抗するのが難しい相手に、性的な言葉を言ったり性的な行為を迫ったりして、働く場や学ぶ場を奪う犯罪が、セクシュアル・ハラスメントだ。被害にあった女性（女性にかぎらないけれど）が、抵抗できないのは、その意味で当然なのである。にもかかわらず、抵抗しなかったということで加害者の罪が認められず、むしろ抵抗すらできなかった被害者が責められるというのは、まったくもっておかしな話である。悪いのは、加害者であって、被害者ではない。

そもそも、被害者が責められてしまうのも、性道徳そのものに原因がある。二つめの問題点を指摘しよう。性道徳は、性にふれた女性の評価が下がるという考え方なので、性犯罪の被害者になった女性、つまり性にふれた女性に非難が向けられてしまうのである。さらに、これが被害にあった女性にとって問題なのは、女性が、自分で自分を責めてしまうということだ。たとえば、「私にすきがあったのではないのか」というように。だから性暴力の被害は身体的なものにとどまらず、心にまで食い込み、心を傷つけてしまう。望まない形で性にふれたことで、自分が「汚れて」しまったという感覚をもつ被害者は少なくない。けれども、その感覚は、ここまで説明してきたように女性を二分するしくみが生むものである。だから、そう感じる必要はまったくないのである。私たちは、ひとりで生きているわけではなく社会の中で生きているから、そのしくみによって感情が左右されるのは当然のことではある。しかし、そのしくみを知り、なぜそう感じるのかを理解すれば、その問題点も見えてくるはずだ。私たちは、たとえ被害にあっても、自分を責める必要はまったくない。財布を盗まれたときに心を痛める必要がないのと同じように、性暴力の被害にあっても自分自身の心を痛める必要はないのである。くり返しておこう。悪いのは、加害者だ。絶対に、被害者ではない。

性道徳があるために、性にふれることは、女性にとって「傷」になりやすい。「売春」という行為がある。現在の「売春」の傾向としていわれるのは、それが自傷行為（自分で自分を傷つける行為）としてなされているということである。少女であれ、大人の女性であれ、学校や家族との問題で心が傷ついているときに、そのせいでさらに自分を傷つけるように、「売春」に向かう。お金が欲しいのではなく、寂しさや悲しみが原因となっているわけだ。ここで、やはり理解しておきたいのは、「売春」によって「傷」つき得るのは、女性だけだということだ。男性は、性によって傷ついたりしない。女性だからこそ、性によって、自分を傷つけ得るのである。怒りや悲しみや寂しさが原因で反社会的な行為に向かおうとするとき、女性は性へ向かい、男性は暴力へ向かう。少女は「売春」し、少年は「ナイフ」を握る。

性暴力が起こったとき被害者を責めてしまうのは、こうしたしくみが、理解されていないからだ。性暴力にあったときに、私たちの心が傷つきやすいのは、性道徳のせいだ。私たちは、そのしくみをよく理解しておく必要があるし、同時に、これからは、したくないことをしたくないと言うことに慣れていくことにしよう。性道徳に縛られず、性に近づくことは、自分の性を自分でコントロールすることを可能にするからだ。

それでは、加害者となった男性にとってはどうか

性暴力の加害者となった男性に共通しているのは、じつは、被害者の心の傷の深さに気がついていないということである。「たいしたことじゃないじゃないか」「ちょっとした出来心だっただけ」「騒ぎすぎだ」「よくあることでしょ」というような感情を、加害者はいだいているという。その一方で被害にあった女性は、自分を責め男性が怖くなり……身体的な被害だけでない深刻な精神的な被害を負っている。このギャップは、驚くほど大きい。なぜ、そうなるのか。すべてを性道徳のせいにするわけにはいかないかもしれないが、女性にとっての性の意味と、男性にとっての性の意味が、あまりにも違う現状では、やはり性道徳のシステムによる影響は否めないだろう。女性にとって、性との関係のしかたが社会的な評価そのものとかかわるのに対して、男性は、そうした気構えなしに性とふれてきている。その意味で、性暴力によって女性が越えてしまったと感じる壁の高さが、男性には想像できないのではないだろうか。時には、アダルトビデオなどのポルノに描かれる女性と現実の女性の違いが理解できていないということもあるかもしれない（もちろん必然的にそうした誤解が生まれるわけではないだろうが）。男性が男性に向けてつくったポルノが虚構であり（いろいろなタイプのものがあるだろうが、それが虚構であることに変わりはない）、だから当然、

非常に偏っているということを、くり返しくり返し、説明しなければならないだろう。

さらに、性道徳が生む女性の二分法は、性と暴力を結びつける温床そのものともなっている。というのも、「汚れのない」女性が性的なものに「墜ちる」その落差によって、性の快楽の大きさを生みだすという事態を生んでいるからだ。たとえば「援助交際」。「援助交際」を望む男たちは、なぜ少女を買いたがるのか。少女は基本的に「無垢」で「純潔」なものだという前提がある。それを性的な存在にすることで、特別な快楽が発生するのである。「買えない」はずのものを、「買う」ので、価値が上がるのである。こうして、女性を性から遠ざけることを前提にして、さらにそれを性的なものにするという、二つの行為があわさるところに男性の性的快楽（のひとつのパターン）ができあがっているわけである。となれば、無理矢理に行われれば行われるほど、快楽が大きくなることにもなる。ポルノにレイプが付き物なのがなぜなのか、よくわかるだろう。そして、このとき、性と暴力は密接につながる。暴力的であればあるほど、性的な快楽が大きくなるのである。

そしてまた、性暴力は、弱い者を支配しようとする欲望そのものによっても引き起こされる。最近ようやく日本でも問題にされるようになった、ドメスティック・バイオレンスは、私たちにとって身近で深刻な問題のひとつだ。女性に加えられる精神的、身体的、性的暴力は、悲惨さをきわめている。性的暴力は、力の誇示や支配への欲望を満たす一部となっている。戦争時における性暴力もまた、同じである。相手国の女性に性暴力を加え、自国の力を誇示しようとするのである。敵の民族を途絶えさせるという「民族浄化」の幻想が付されもする。そのとき、憎悪は、相手国の男性に向けられている。男が男に憎悪をぶつけるために、女性は「物」のように、破壊され殺され続けている。私たちは、こうした構造を絶対に変えなければならない。

これから

もちろん男性のすべてが、性暴力の加害者になるわけではない。男性が加害者となっていくこの構造を変化させていくのは女性の仕事というわけでもない。女性とセックスの関係も、また男性とセックスの関係も、どんどん変わってきている。男か女かという立場を限定せず、さまざまな場所から、性道徳に縛られ暴力と結びついたセックスのあり方を、解体していこう。性のあり方は、文化によってさまざまだ。たとえば女性の乳房だって、文化が異なれば、隠す必要のないものになる。それが性に結びつく記号になるかどうかは、文化によって異なるわけで、自然なものではまったくない。となれば、変えていくことは、絶対にできるはずなのである。「男性が女性をレイプするのはしかたがない」わけではないし、「女性はだから気をつけなければならない」わけではないのである。

女性に向けられる暴力をなくすために、さまざまな努力が重ねられている。一九九三年には、国連総会で「女性に対する暴力の撤廃に関する宣言」が採択されている。日本では、九六年の「男女共同参画二〇〇〇年プラン」で重点目標のひとつとして女性に対する暴力の根絶があげられ、九九年に「女性に対する暴力のない社会をめざして」という答申が出された。その具体的な成果のひとつとして、二〇〇一年四月「配偶者からの暴力の防止及び被害者の保護に関する法律（DV防止法）」の成立をあげることができる。二〇〇〇年十一月施行の「ストーカー行為等の規制等に関する法律（ストーカー規制法）」や、子どもに対する性的虐待を禁ずる「児童虐待の防止等に関する法律（児童虐待防止法）」なども、性暴力の解決に役立つだろう。もちろんこれらの法律や、強姦罪や強制わいせつ罪を規定する現在の刑法は、問題点も多く含んでいる。今後さらに改正を加えていくことが必要だ。

痴漢やレイプ、ドメスティック・バイオレンスやセクシュアル・ハラスメントなど、さまざまな形で存在してきた性暴力は、同じ土壌で生まれている。そこに埋もれてきた声を外へ出そう。その声を聞こう。被害者が我慢する必要はないのである。ひとつながりになった性暴力の構造を、私たちは変えていこう。大切なのは、自分で自分の性のあり方について決定することだ。そうした権利は、現在、「性的自己決定権」という言葉で説明されている。ようやく、暴力にさらされることなく、自分で自分の性を把握し、自分らしい性を実現することがひとつの権利として議論されるようになったのだともいえる。次の時代は、いよいよ性暴力をなくす時代になるはずだ。

読者のための参考図書

『実践するフェミニズム』牟田和恵　岩波書店　二〇〇一

セクハラ・性暴力・ポルノ・売買春・援助交際、さまざまな問題について、何が起こっていて、どう考え、どう変えていくべきなのか、わかりやすく論じている本。

『ドメスティック・バイオレンス　サバイバーのためのハンドブック』原田恵理子（編）　明石書店　二〇〇〇

もしものときに、絶対頼りになる本。あらかじめ、理解を深めておくのにも、もちろん良い。

『子どもと性被害』吉田タカ　集英社　二〇〇一

性暴力は子どもにも向けられている。女性の問題としてだけではなく、性暴力について考えるために。

コラム19

従軍慰安婦

「従軍慰安婦」とは、一九三七年の日中全面戦争頃からアジア太平洋戦争終結の一九四五年まで大日本帝国の内外から大量に動員され、日本軍兵士に対する性的行為を強制された女性たちのことをいう。軍の直接・間接の関与のもと、多くの女性は軍での雑役従事などという口実でだまされて戦地に連れてこられ、本人の意思に反して性行為を強いられ、悲惨な境遇を送らねばならなかった。日本軍兵士の強姦防止、性病対策などを理由に植民地や占領地の二十万人ともいう若い女性が「慰安婦」とされたのである。

半世紀経って「慰安婦」の存在が一挙に顕在化し政治問題化したのは、一九九一年、韓国人の元「慰安婦」金学順ら三名のカミング・アウトによるものであった。金は、民間の業者がやっていたことだとする日本政府の国会答弁に怒り、テレビカメラの前で自己の体験を述べ、日本政府に対し軍の関与を認めて謝罪と補償をせよと訴訟を起こした。これを契機に内外の世論が高まり、政府は九三年の官房長官談話などで軍の一定の関与を認めざるを得なくなり、高校や中学の歴史教科書で「慰安婦」がある程度記述されることとなった。

その後、中国、北朝鮮、台湾、インドネシア、フィリピン、オランダなどの元「慰安婦」も次つぎと名乗りをあげ、日本政府に、責任者の処罰、謝罪と補償を求める運動を展開した。九〇年代中頃から「慰安婦」問題は国連の人権委員会などでも取りあげられ、明確な謝罪と補償にふみ切らない日本政府に対し、国際的に厳しい批判が投げかけられた。一方、この頃から、日本国内では産経新聞や自民党などの右派勢力が「慰安婦」問題などを槍玉に、歴史教科書の記述を自虐的だ、偏向だと大々的な政治キャンペーンを展開し、日本の戦争責任を追及する歴史家、教育者、女性運動家等の間で大論争が展開された。

右派は、「慰安婦」は民間の業者による売春婦＝

公娼であり、若い兵士の性欲のための必要悪だ。軍による暴力的な連行を示す史料はなく、半世紀も経って出てきた元「慰安婦」の証言は金目当てで信用できないと主張した。これに対し、元「慰安婦」を支持する人々は、どのような形であれ本人の意思に反して、連れてこられ、性行為を強制され続ける、強姦防止のためとしながらあらたに強姦され続ける、このような人権蹂躙《じゅうりん》こそが「慰安婦」問題の本質だ。金の証言は、「慰安婦」体験の心身のトラウマの深さや、「一族の恥、民族の恥」という周囲の偏見をようやく半世紀を経て乗り越えたものだ。「金目当て」など元「慰安婦」たちへの暴言は「セカンドレイプ」だと批判した。

論争はなお続いているが、右派の圧力で二〇〇二年度の教科書から「慰安婦」の記述は激減した。しかし国際的には、国連人権委員会をはじめ「慰安婦」は戦時性奴隷制の問題とする把握が定着し、二〇〇〇年の東京女性国際戦犯法廷での有罪判決など、日本政府への包囲網はますます狭まってきている。問われているのは、日本人の歴史認識と人権意識である。

（上野輝将）

参考図書

『裁かれた戦時暴力』vaww-net ジャパン（編）　白澤社　二〇〇一
『従軍慰安婦』吉見義明　岩波書店　一九九五

コラム20

「規範的テクスト」の書き換え
戦時性暴力の処罰化

国際人権法、国際人道法といった規範的なテクストについても、ジェンダー的観点からの書き換え、ジェンダー・バイアスの是正の作業が進んでいる。その代表的な事例のひとつが、戦時性暴力に関する国際人道法、国際刑事法の新しい動き、つまり戦時性暴力の不処罰（impunity）から処罰化への動きである。たとえば――。国際刑事裁判所規定によれば、国際刑事裁判所は、ジェノサイド（大量虐殺）、人道に対する犯罪、戦争犯罪、そして侵略の犯罪についての管轄権を有しているが、規定第7条g項において、「強姦、性的奴隷、強制売春、強制妊娠、強制不妊、または類似の重大性を有するその他の形態での性的暴力」を、人道に対する犯罪のひとつとしてあげている。戦時性暴力の行為は、従来、ほとんど放置され、不処罰のままになっていたが、ドメスティック・バイオレンスを含む女性に対する暴力の廃絶をめざす国境を越えた社会運動が広がり、女性の人権を守る方向で国際人権法強化が行われるようになったことなどにより、戦時性暴力の処罰化も現実のものとなっていった。しかし戦時性暴力の処罰化の直接的な契機となったのは、一九九〇年代に起きたボスニアやルワンダでの武力紛争で行われた組織的な性暴力であった。国際刑事裁判所規定にある「強制妊娠」といった概念も、ボスニアで行われた兵士たちによる民族浄化を目的とした集団レイプがなければ、規定文の中に盛り込まれなかったであろう。ナチズムの時代、ヴァルター・ベンヤミンは、積み重なっていく瓦礫《がれき》の山（過去）を凝視しながら、天国から吹く嵐に押されて未来に背を向け翼を広げたまま上昇する「歴史の天使」というイメージを提示した。内戦時における陰惨な性暴力行使とそれを受けての性暴力の処罰化（国際人権法や国際人道法の強化）は、闇の力が猛威を振るったあとの瓦礫の山と「歴史の天使」との間の似たような関係、つまり「進歩は数多くの悲劇なしにはあり得ない」という皮肉な事実を示してくれている。たしかに悲劇の結果、事態は少し前に進んだ。組織的強姦など人道的な罪を犯したとされる複数の被告人に対し、旧ユーゴスラビア国際刑事裁判所やルワンダ国際刑事裁判所が有罪判決をすでに下しているという事実が、そのことを示している。　（土佐弘之）

参考図書

『ボードレール他五篇——ベンヤミンの仕事2——』W.ベンヤミン　野村修（編訳）　岩波書店　一九九四

第十一章　メディアに潜むジェンダー・ステレオタイプ

マスメディアとステレオタイプ

朝起きると新聞が届いている。新しいニュースが活字になって、一面を飾っている。テレビをつけると、今日の話題や天気予報が、映像と音声とともに流れてくる。ラジオではＤＪがヒットチャートをにぎわす音楽をかけている。駅の売店や本屋で、雑誌を立ち読みする。たまに気になる特集があれば買って帰る。こうして、毎日大量の情報のシャワーを私たちは浴びている。その情報の運び手がメディアだ。カタカナでマスコミといえば、出版、放送、広告などを扱う、芸能界っぽい派手なギョーカイを連想する人も多いだろう。語源はマスコミュニケーション。コミュニケーション、つまり情報の伝達を、大量、大衆をさす「マス」のレベルで行うのがマスコミだ。そしてその伝達の媒体、運び手がマスメディアである。新聞、雑誌、テレビ、ラジオなどのマスメディアは、大量の情報を大衆のもとに運ぶことでマスカルチャー、つまり大衆文化を広め、定着させるのに、重要な役割を果たしている。

コミュニケーションという言葉が出てくれば、そこには情報の送り手と受け手がいることがよりわかりやすいだろう。あなたが気づいているかいないかにかかわらず、送り手はいろいろなメッセージを発信している。女性が一日にテレビを観る時間は平均3時間6分、男性は2時間43分という一九九八年の調査結果がある。新聞については女性が34分、男性44分が平均である。[*1] そして多くの受け手が気がつかないまま、メディア・メッセージに少なからず影響を受けている。ジェンダーをめぐるメッセージもふんだんに含まれている。この問題についてちょっと考えてみよう。

これまで、マスメディアは、女らしさ、男らしさといった女ならこう、男ならこうという決まりきった型通りのステレオタイプをくり返し送り続けてきた。古典的には家庭を守る女、仕事に一途な男など。大衆に対して絶大な影響力をもつマスメディアは、ジェンダー・ロール、つまり性別役割のモデルを見せるというはたらきをもっている。と同時にお決まりのパターン、つまりステレオタイプを重ねてみせることでそれを広め、浸透させるという作用もある。これがステレオタイプの再生産である。たとえばクレジットカードの広告。若いサラリーマンらしい男が、ガールフレンドのために高価なプレゼント、おしゃれなレストランの食事代とあれこれ出費がかさむところ、このカード1枚さえあれば、大丈夫、といった類のもの。経済的に男に依存する女、それを満たすことができるのが頼りがいのある男、というジェンダー・ロール。このようにしてマスメディアはマスカルチャーの、特に消費文化の担い手として、私たちの生活のすみずみにステレオタイプを刷り込んでいる。

ステレオタイプ抜きで文化を語るのは難しい。日本人は、勤勉で礼儀正しいとか、アメリカ人は陽気でおおらかだとか、ある程度型にはめてしまうことで、説明がしやすかったり、わかりやすかったりする。ただ、知らず知らずの間にあなたがそういったステレオタイプをあたりまえのものとして受けとめているとすれば、それは少し危険かもしれない。ステレオタイプは先入観をつくりあげ、悪くすると偏見を生むこともある。怠け者の日本人だっていくらでもいるし、物静かで冗談の通じないアメリカ人だっていっぱいいる。それと同じように女はこう、男はこう、と型にはめ込むことには必ず無理がある。だから、テレビや新聞などのマスメディアが送るメッセージを、気づかないうちに鵜呑みにしていると、ステレオタイプを日常生活のマニュアルとして受け入れてしまうということになりかねない。私たちにとっておそらくもっとも親しみのあるマスメディアであるテレビを中心に、この問題について考えてみよう。

「女子アナ」って？

テレビの画面にはたくさんの女性が登場する。俳優、歌手などの女性たちはもちろんテレビの華だから、女性の活躍の場が多いように感じるかもしれない。何か華やかな雰囲気があって、将来アナウンサーになりたい、と一度は憧れたことがある人が多いのはよくわかる。ただ、そこでの女性の役回りは、とても伝統的な、男性による男性のための女性像に縛られてはいないか、考えてみてほしい。

たとえば、ニュース番組に登場するアナウンサーの女性たち。人気男性タレントを登用した民放報道番組を思い浮かべてみればよくわかるはずだ。お決まりのパターンは、メインキャスターを務める年輩の男性の隣、あるいは両隣に、男性をサポートするように、若くて美しい女性アナウンサーが、まさに花を添えるべくキャスティングされている。番組制作者はまずもって男性である。これについては後に詳しく述べる。そして彼らが想定するおもな視聴者もまた男性である。男性が男性の目を楽しませるために作る映像。そこには見られる女性、見る男性、というおなじみの構図がある。

ここで重宝されている、いわゆる「女子アナ」とよばれる人たちは、なかばアイドルのように虚像をつくられてゆく。注意してほしい。「女性アナ」ではない。「女子アナ」である。経験を積んで、与えられた原稿を正確に読み、視聴者にニュースを伝えるだけでなく、インタビューや取材などもできる人材に成長したとき、「女子アナ」はもう「女子アナ」ではなくなっている。ベテランの有能なキャスターになってしまえば、もうメインの男性キャスターの引き立て役にはならない。番組制作者は、経験の浅いより若い女性を使うだろう。多少のミスがあっても、若くて美しければ「女の愛嬌」とでもいうのだろうか、苦情が殺到したりはしない。むしろ、落ち着いた主役の男性キャスターとのコントラストにおいて、頼りなげだがけなげな若い「女子アナ」は、男性視聴者の好む女性のジェンダー・ロールを演じることで、その存在が受け入れられているのではないか。男性キャスターに求められているのが、知性、論理性、分析力、説得力、雄弁性だとすれば、「女子アナ」に求められているのは、画面を華やかに、雰囲気をやわらかに、出すぎず控えめに男性をサポートする役まわりなのだ。

アメリカでは原稿を読むだけのアナウンサーというのは存在しない。ニュース報道番組に出ている人はキャスターとよばれ、取材、解説もこなせるれっきとしたジャーナリストであり放送人である。このレベルでは、ざっと見たところ、女男ほぼ平等である。CNNではペアを組んでいるのをよく見るが、まったく対等な扱いだ。ただ、各局の主力報道番組の総合司会をするアンカーとよばれる人たちはいまだ男性ばかりである。しかし彼らを引き立てるための「女子アナ」なんてものはいない。もしそんなキャスティングをしたら「政治的に正しくない」として、フェミニスト団体から袋だたきにあうだろう（一九八〇年代半ばから性別、性的指向、人種、民族的背景、年齢を理由にした「政治的に正しくない」差別は、厳しく規制され、そういった差別を助長する表現も自粛を求められた。そのうち性差別は、最も顕著な批判を浴びたもののひとつである。コラム22参照）。その点、日本はジャーナリズムが未熟で、テレビのニュース番組のワイドショー化が進んで久しい。タレントを起用することで、視聴者が、日本でいうところのキャスターと視点を共有できるところが魅力なのだろう。だから「政治的に正しい」かどうかを日本のテレビ業界に問うのはお門違いなのかもしれない。

ただ最近は日本でも、少数ではあるが、きっちりと政治、経済や国際関係など専門知識をもった女性が、ジャーナリストとして活躍しているのも目につくようになってきた。ニュース番組のゴールデンタイムから少しはずれると、そういう人たちの堂々とした仕事ぶりを見ることができる。使い捨てられないために、自分を磨くしかないのは、仕事をしていれば女も男も同じかもしれない。ジャニーズ系の「男子アナ」が登場しても、やはり仕事ができなければ、「女子アナ」のごとく使い捨てられるのがおちだろう。

マスメディアの送り手

それではなぜマスメディアがジェンダーのステレオタイプを再生産し続けてきたのかを考えてみよう。まず、伝統的にマスメディアの送り手は男性によって占められてきたことをあげておこう。マスメディアの世界は時間が不規則だったり、体力的にハードだったりするから、製作編集側は断然男社会になりがちだ。女性はアシスタント的な役まわりに甘んじざるを得ないことが多い。井上、江原によれば、一九九八年の調査では、日本の新聞社における従業員総数は、五九、六二五人、そのうち女性は五、八二二人と9・8%にすぎない。部門別に女性の占める割合を見れば、一番多いのが総務の30・5%、次に出版、事業他の14・5%、営業の10・7%、そして編集部門には総数二四、六七六人のうち、二、五七一人と、たったの10・4%である。そして女性の記者数は一九九八年で全体の五、八二二人中、一、八九三人と7・7%にすぎない（図11-2）。これでも一九九〇年の4・13%から見れば、状況はほんの少しではあるが改善されている。[*2]

放送業界のほうはどうだろう。一九九八年のNHKの全従業員数一二、八四七人のうち女性は一、〇九〇人、たったの8・5%である。しかも、そのうち管理職、専門職となると、四、二五〇人中わずか七十九人、1・9%である。どんな番組づくりをするか、そこで権限を与えられている女性

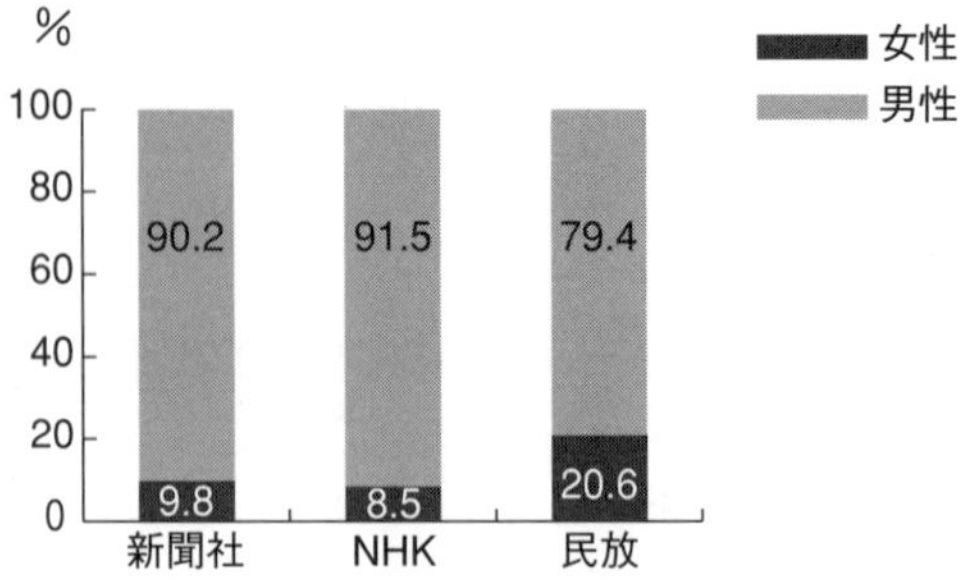

図11-1　業界別の女性社員の割合

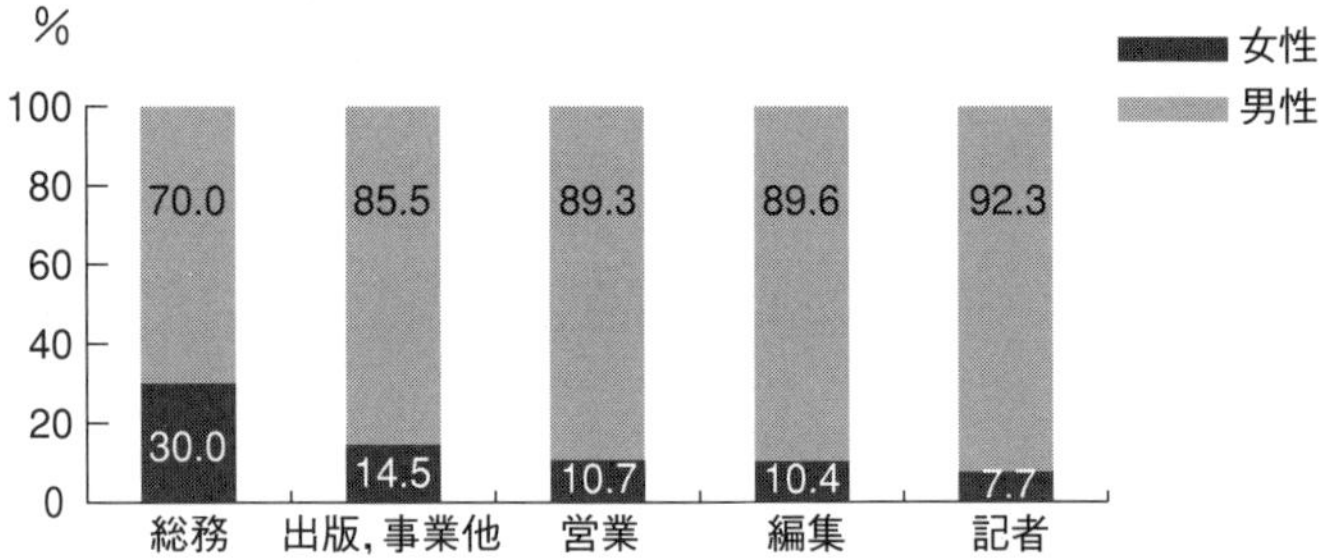

図11-2　新聞社における部門別女性社員の割合

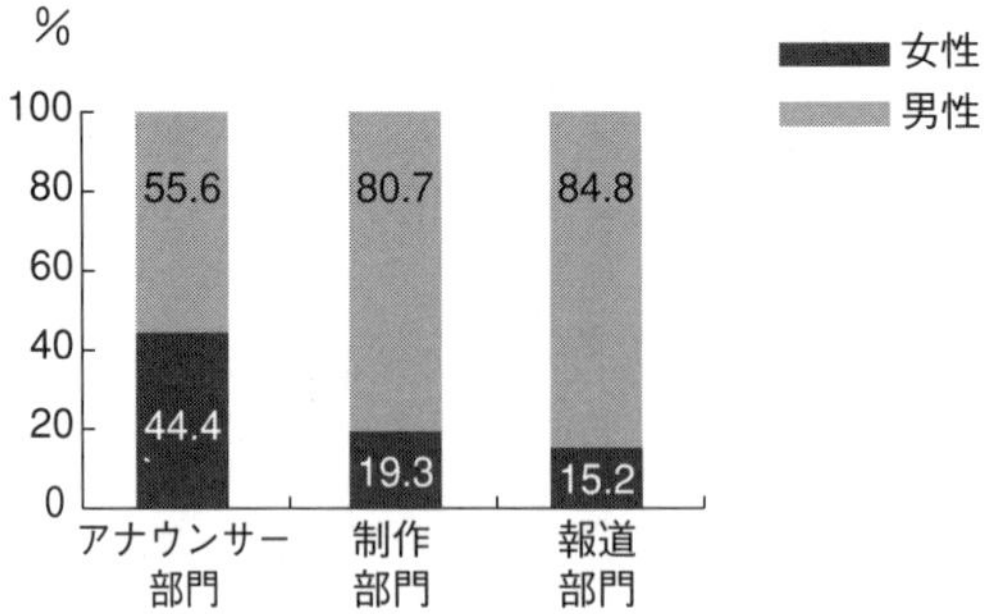

図11-3　民法放送局の女性の割合

はほとんどいないに近いのだ。

民間放送局では一九九〇年の調査によると、従業員総数二五、〇二三人に対して女性は四、八一四人で19・2%[*2]、一九九七年には二七、二一二人に対して五、六一二人、20・6%とあまり伸びはないが、NHKよりはましである。[*1] しかし、一九九七年の、部門別女性の従業員比率を見ると、アナウンサー部門で総数一、六六四人のうち、七三九人、44・4%と突出している。これは先にあげた「女子アナ」効果としか考えられない。一方、番組の制作部門では、総数三、三四〇人のうち、女性は六四六人、19・3%、報道部門では総数四、〇七五人のうち六二一人と15・2%にとどまっている（図11‐3）。なんともいびつな雇用体系である。

ここで確認しておきたいのは、製作編集・報道という情報発信のかなめにいるのは、とにかく男中心社会にどっぷりつかった人々だという事実だ。そのような環境にいれば、ジェンダーの問題に敏感になるのは難しいだろう。

たとえ有能な女性社員がいたとしても、その人を抜擢するには、上司の側にも、それ相応の覚悟がいることだろう。特に男性の上司なら男性部下の眼は厳しいかもしれない。女性の上司が女性部下の味方だともかぎらない。男性中心のタテ社会。その縮図がマスメディア業界にも見てとれる。

さらに民間放送局では、若い女性従業員の多くは、男性によって画面の華として利用されているだけでなく、広告収入が不可欠なゆえに、スポンサー相手の接待、サービスさえ仕事のうち、というケースもあるらしい。番組そのものの質ではなく、従業員である女性を利用してビジネスをする放送局と、それに迎合する広告主の男性管理職たちがいるということだ。

アメリカでは唯一の全国紙として親しまれている『USA Today』という日刊紙があるが、これは一九八〇年に女性たちによって立ちあげられた。もちろんとてもまれな例ではあるが、この新聞社は、社員の採用にあたっても女性、男性の比率を1対1とし、少数民族にも配慮している。[*2] 差別を受けている人にチャンスを与えようと強制的に数値を定めるこういったやり方をアファーマティブ・アクションという。それは男性や多数派民族に対する逆差別ではないか、という反論を必ず招く。しかし、とにかくこの新聞が商業的に成功していることは、認めざるを得ないだろう。有能なスタッフなしにこの結果はあり得ない。

一方、日本で女性がトップにいる大手マスメディアなど聞いたことがない。ましてや社会的マイノリティである女性を男性と同じ比率で採用するなんてことは、今の人事部の人々には思いもつかないことだろう。80年代半ば、難関を突破してある放送局の社会部の記者になったMさんは、入社直後、大阪支局勤務になった。取材のために繁華街のそねざき警察に日参していて、「もうまわりはおじさんばっかりで、自分もいつのまにか若い女の人を見るとめずらしくて、ついつい眼がいってしまうんですよー。若い女の子と喫茶店でお茶なんかしたいですー」と「おじさん化」している我が身を嘆いていた。今はそうした経験も含めてキャリアを積んで、彼女は立派なジャーナリストとして海外取材でも活躍している。けれど、他方で「女子アナ」現象を見るかぎり、あれから日本のマスコミ業界が性差別の緩和について大きく躍進したとは考えにくいのが現状だ。

ジェンダー化される情報

さて、このような体制から送りだされる情報は、女性向き、男性向き、という区別をされる——つまりジェンダー化される。なにしろ送り手の多くが、もともと無意識にジェンダーのステレオタイプを刷り込まれてしまった人たちなのだから。政治経済は男の領域、家事育児は女の領域、と思い込んで疑わない人たちがマスメディアの中枢にいる。男性向けだけでなく、女性向けの情報を流しているのだから平等じゃないか、と思う人もいるかもしれない。しかし問題は、何をもって女性向き、男性向き、と区別しているかである。それはたんに送り手の思い込み、先入観、ステレオタイプにすぎないのではないか？　そこがポイントなのだ。もっと送り手側に女性の数が増えれば、状況は変わるかもしれない。ただ、今のマスメディアの主流は男によってつくられた男のための情報流通業界なのだ。

テレビでは、昼間は多くの働き盛りの男性が仕事に出かけて、テレビを見られない状況にあるから、その時間帯は圧倒的に女性向け、子ども向け、あるいは高齢者向けとなる。手軽に作れる料理、健康・医療にまつわる情報、芸能ゴシップ、ファッション、アニメなどなど。しかしどうしてこれらを○○向けと限定しなければならないのだろう。父子家庭、単身赴任のお父さんは家事もこなすし、いくら企業戦士といえど健康管理は自分でしなければならない部分が大きい。アニメマニアは子どもにかぎらない。そういえばタイトルだって変だ。『おかあさんといっしょ』をお父さんやおばあさん、おじいさんと見る子どもだっているだろうし、ひとりでみている子どももいるだろう。ただ、最近は料理や生活情報番組に男性が多く登場することになったのはたしかだ。エプロン姿で家庭料理にいそしむ姿はめずらしくなくなった。これまで女性の領域とされていたものが男性に開かれてきている。生活人としての男性の自立が求められる社会になりつつあるのではないだろうか。

雑誌業界もマスメディアの中ではジェンダー化がかなりはっきりしている分野だ。書店にゆくと、男性雑誌、女性雑誌、とたいてい棚が分かれている。しかしここでもジェンダー領域は少しずつ曖昧になりつつあるようだ。たとえば、『dancyu（ダンチュウ）』という、かなりマニアックなグルメ情報誌がある。昔は「男子厨房（ちゅうぼう）に入らず」と男が台所に立つのはふさわしくないとされていたが、それを逆手にとって「男子厨房に入るべし」、とうたっているのである。編集者が、実際に女性読者もねらっていたのかどうかは知らないが、美しい写真と詳細な情報は、女男を問わず楽しめる内容になっている。情報のジェンダー化を超越する試みとしては、お見事というところだ。

テレビドラマとマスカルチャー

マスメディアはステレオタイプを再生産すると先に述べた。テレビドラマはある意味で、ジェンダー・ロールのステレオタイプとたわむれるゲームのようなものだ。三ヶ月クールでめまぐるしく変わるドラマをひっくるめて分析するのは不可能なので、たとえばあなたが先週みたラブロマンスを思い出してほしい。そこに描かれた女性像、男性像はジェンダー・ロールに当てはまったものだっただろうか。これはステレオタイプだった、あっちはそれをひねった裏ヴァージョンだった、というふうに、登場人物を分類してみよう。そしてあなたが好感をもったのは女らしさ、男らしさというジェンダーの型にはまった人物像だったかどうか。

ただの作り話なのだから、とあなたは思うかもしれない。けれど、マスメディアは、そういう無防備なあなたに向けて、くり返しステレオタイプを発信しているのだ。あなたが意識しようがしまいが、人気ドラマの登場人物たちのライフスタイルはマスカルチャーを反映するとともに、マスカルチャーをリードする魅力的なモデルとなってゆく。

あまり現実離れしたゴージャスなスタイルは、不景気の世の中にははやらないだろうけれど、登場人物の職種、住まい、インテリア、そしてバイクや車。ヘアスタイル、メイク、ファッション、サングラスやバック、携帯などの小物、そして後ろに流れるＢＧＭや主題歌。それらはいつのまにかあなたのまわりに商品として忍び寄っている。雑誌、新聞、ＦＭなど他のマスメディアがまたそれらを取りあげることで、相乗効果が出る。それがマスカルチャーを定着させてゆくわけだ。

今あげたのは、物質的な例が多いけれど、外観などは、やはりジェンダーと直結しているイメージだ。今、こういう女がモテル、こういう男がかっこいい、というメッセージを送ってきているのだ。それはしぐさだったりセリフだったりするかもしれない。もちろんあなたがドラマで見たようなシーンに自分も身を置いてみたい、こんな会話をしてみたい、と思うこともあるだろう。誰だってテレビドラマを見ているときは、自分の日常生活からちょっと離れた、つかの間のファンタジーを求めている。でも、あなたは、無意識にドラマでインプットされたものを、自分のつくったファンタジーだと、勘違いしてしまうことはないだろうか。同じファンタジーでも、他人のつくったものを気がつかないうちに自分の中にいれてしまう、それはちょっとアブナイかもしれない。だってテレビは不特定多数の人に向かって最大公約数的なファンタジーを提供するものだから。そしてそれは、重ねていうのだけれど、ステレオタイプそのものか、それを少しいじった程度のバリエイションにすぎないものだから。ジェンダー・ロールはそんなところからもあなたの思考回路に組み込まれてゆくのだ。

今日は○○風の自分を演じてみようかな、という確信犯なら、それも楽しいかもしれない。でも、知らない間に、自分では意識しないで、本当のあなたではないあなたを、いつかテレビで見たような型にはめて演じようとすれば、きっとひずみが生まれてしまう。マスメディアは大衆を相手にしている。一人ひとりのあなたをケアしてくれるものではない。もちろん、私もあなたも、大衆のひとりだ。でも、ジェンダーを意識することは個としてのあり方を考えること。だからマスメディアのメッセージ性をきちんととらえてあなたという個人とマスカルチャーとの距離感をつかんでおくことが大切だ。

メディアリタラシー

情報化社会といわれて久しい今日、情報源は多様化し、私たちは、情報を選ぶ時代になっている。送り手のねらいはいったいどこにあるのか、見極める力が必要なときだともいえるだろう。マスメディアとのつきあいには、受け手側の心構えも問題だ。マスメディアはあくまでもビジネスだ。送り手ばかりに責任があるとはいえない。必ずしも送り手が能動的、受け手が受動的とは言い切れないものがある。受け手＝消費者の私たちも意識改革が必要かもしれない。なぜなら、送り手は受け手に好まれるものを提供してこそ、営業成績をあげ、広告収入を得ることができる。ただ、受け手はそういうしくみをあまり意識しないで、やりすごしたり、取り込まれていたりすることが多いのではないだろうか。そこで必要になってくるのが、メディアリタラシーである。リタラシーとは読み書き能力のことをさす言葉である。コンピューター・リタラシーという言葉は聞いたことがあるだろう。コンピューターを使って、情報を処理する能力のことだ。同じように、メディアリタラシーとは、いかにメディアが送りだす情報を読みとり、それを使いこなすか、という能力をさしている。

具体的には、これまで述べてきたように、マスメディアがステレオタイプを再生産していることを意識して、型にはまった情報をときには疑ってみることだ。ジェンダーのステレオタイプはそのひとつである。また、マスメディアの向こう側には、送り手がいることを覚えておこう。そしてその多くが男性である送り手は、私たちに向けて、いろいろなメッセージを発信しているということを。たとえニュース報道といえど、事実だけをかぎられた画像と音声で伝えることは不可能だ。そこには、画像を選び、ナレーションの言葉を選ぶ人の意志が反映されているから、ジェンダーのひずみがひそんでいることも多い。さらに、マスメディアは私たち大衆に大きな影響力をもっているために、マスカルチャー、とくに消費文化のマニュアルとして機能することを知っておこう。特に民間放送局のテレビは視聴率で広告収入が決まる。私たちはただでテレビを見ているのではない。番組の間に絶え間なく流れる商品情報から、私たちは何を買うかを選んでいる。だから、メディアに振りまわされるのではなく、メディアが伝える情報をうまく利用して、私たちの暮らしに役立てよう、というのがメディアリタラシーのめざすところである。そしてその際、ジェンダーをめぐる問題に意識的になることも大切になってくる。

また、今日注目すべきなのは、インターネットの普及である。インターネットは、マスだけではなく、マイノリティの連帯を容易に可能にするメディアである。さらに、個人が世界に向けて、自由に情報を発信できる場でもある。その意味で、インターネットは今後のメディアの中で、重要な位置を占めることになるだろう。女性は性別からいえば、社会の弱者であるから、ある種のマイノリティだといえる。在宅の専業主婦たちが、家庭、育児などの問題について情報交換するために、インターネットでネットワークを作り、助けあっている例は少なくない。ゲイ・レズビアンなど性的指向におけるマイノリティにとっても、インターネットは横のつながりを強めるための便利な道具である。ただ、送り手の顔が見えにくいインターネットの世界では、その見えにくさを利用して、ポルノグラフィーが横行するなどの問題も多い。しかし、だからこそ、ジェンダーを意識したメディアリタラシーを培うことが重要なのである。

このようにあらゆる領域において、メディアとジェンダーをめぐる問題とは密接にからみあっている。テレビ、雑誌、新聞、インターネットを通して送られるメディアのメッセージ。それらをジェンダーという視点から考えてみると、いろんなことが見えてくるはずだ。残念ながら、日本ではまだ、マスメディアの主要な位置に女性の進出が遅れている。この構造を変えてゆく必要があるだろう。また、受け手から送り手に向かってレスポンスを積極的に伝えてゆくことも双方向のコミュニケーションには大切だ。メディアリタラシーを身につけることで、私たちとメディアとの関係は、より良いものになるだろう。

読者のための参考図書

『女性とメディア』加藤春恵子・津金澤聰廣（編）　世界思想社　一九九二

やや古い資料になるが、女性とメディアについて、研究者のみならず当時現場で活躍していた人々の声が聴ける基本的図書。

『放送ウーマンの70年』日本女性放送者懇談会（編）　講談社　一九九四

本書では取りあげる余裕のなかったラジオを含めて放送業界に携わってきた女性の歴史を詳細にしるしている。

『ジェンダーからみた新聞のうら・おもて』田中和子・諸橋泰樹（編）　現代書館　一九九六

マスメディアの中でも最もジェンダー的視点の導入が遅れているとされる新聞業界の実態を丁寧に分析している。

『ジェンダーの罠――とらわれの女と男』諸橋泰樹　批評社　二〇〇一

身近な日常生活におけるさまざまな表現、コミュニケーションの中に潜む性役割の固定化をわかりやすく指摘している。

コラム21

マフィアと闘うシチリア女性協会とメディア

イタリアには、南部問題（Questione meridionale）とよばれる問題がある。自治の伝統が強く生活水準も高い北部と比べて、ローマ以南の南部は、異民族の侵入を何度も経験し、一八六一年のイタリア統一まではスペインの支配下にあったために産業が発展せず、人々の生活は貧しい。失業率も高く、それがマフィアなどの組織犯罪の温床となっている。

マフィアは日本では「やくざ」のような集団だと見なされているが、その定義は複雑で、「利害を同じくする秘密結社的な犯罪集団」であると同時に、「ピラミッド型の組織内にあらゆる社会階層の人々を取り込み、暴力によって人々に沈黙と服従を強要する権力構造」でもある。マフィアは十九世紀にシチリアで生まれ、「自らの力で土地と家、女子どもを守る」ことを大義名分としていた。ところが、一九七〇年代の末頃から、マフィアは麻薬取引を通じて国際的に活動するようになり、ファミリー間の対立抗争が激しくなる一方で、司法関係者やジャーナリストを殺害するほど凶悪化する。

数年前、ジェンダーの視点からマフィアを分析した画期的な研究が出版された。[*1] 社会学者の著者によると、マフィアは建て前は男性だけの集団であるが、女性も深くかかわっていて、最近では「女ボス」とよばれる人物も出ているそうだが、マスメディアでは興味本位にしか取りあげられていない。

一方、マフィア撲滅を訴えて闘う女性たちは、メディアを活用しながら運動を展開した。彼女たちは一九八四年に「マフィアと闘うシチリア女性協会」（Associazione donne siciliane per la lotta contro la mafia）を結成し、マフィアに親族を殺された女性のための裁判の支援をしたり、署名活動や学校、地域の諸団体に反マフィア教育のアピールをしたりしている。マフィアに夫や子どもを殺された女性が、泣き寝入りするのではなく、自らの経験を公に伝え、会員たちとともに活動することによって、痛みを他者と共有し、連帯しながら飛躍していく。これが、この協会の目的だ。協会の活動は、八〇年代の後半から九〇年代の前半にかけて盛りあがりを見せる。八六年から翌年にかけて行われたマフィア大裁判では、四五六人の被告のうち三四二人が有罪判決を受けたが、そこでは肉親をマフィアに殺された女性たちも毅然と証言し、その姿が全国ネットでテレビ中継され、新聞・雑誌にも大きく報道された。また、九二年には、マフィアによる一連の判事爆殺事件に対しなんの対策も講じようとしない司法当局に抗議して、協会のメンバーがハンガー・ストライキを行い、パレルモ県知事を解任に追い込んだ。同年には、会長と代表者数名が、暴力団の追放をよびかける日本の弁護士会の招待を受けて、講演のために来日している。

犯罪の被害者がメディアを利用して世論に訴え、一定の成果を生んだことは、日本でも元「従軍慰安婦」の訴訟やDV防止法、ストーカー防止法の制定などにも共通するだろう。女性がメディアを活用することは、ひいては社会変革にもつながっていくのだ。

（高橋友子）

引用文献

＊1　『*le donne e la mafia*』, Siebert, Renate, Milano. 1994

参考図書

『マフィアの歴史』S.ルーポ　北村暁夫（訳）　白水社　一九九七

「マフィアと闘うシチリアの女たち」高橋友子　『女性学年報』第十六号　一九九五

コラム22

性差別用語

言葉というのは私たちの思考を形づくるうえで重要な役割を担っている。つまり、どのような言葉を用いるかで私たちの思想の枠組みはつくられてゆく。

一九七〇年代のアメリカでフェミニズムがマスメディアの世界にも大きな影響を与え始めた頃、『ミズ（Ms.）』という雑誌が一九七二年に発刊された。女性に対する敬称であるミズ、という言葉は、男性は一生涯を通して常にミスターとよばれるのに、なぜ女性は結婚しているかいないかでミス、ミセスとよび分けられるのか、という疑問から生みだされた。女性が結婚しているかどうかで公の区別がされることに対しての異議申し立てである。女性が家庭の守り手であった時代、ミセスというのは一種のステイタスシンボルだったかもしれない。しかしもう女性の居場所は家庭の中だけではない、という認識が広まったうえで、この敬称が雑誌名に選ばれ、普及するようになった。

ほかにもジェンダーニュートラルな用語、つまりジェンダー上、中立的な言葉が積極的に用いられるようになった。マスメディアもそれにならい、性差別用語の是正を進めてきた。根本的な発想の転換を求める例としては、伝統的には〝Man〟＝男が人間の総称とされていたのに対し、〝Human Being〟〝Person〟などを使うようになったことだ。そして〝One〟という不特定の個人をさす代名詞は、男性形の〝he〟で受けるのが普通だったが、今では〝he or she〟〝he/she〟〝(s) he〟といった表記が用いられることが多くなった。これは本編でも言及された「政治的に正しい」〝Politically Correct〟かどうか（略してPC）への配慮である。また、おおむね従来は男性の職業、役職とされていたものをニュートラルに変換したものもある。女性の社会進出による必然的産物である。たとえば議長をさす〝Chairman〟は〝Chairperson〟、消防士〝Fireman〟は〝Firefighter〟とよばれるようになった。

日本でも女医、女性弁護士、婦人警官、女流作家など、男性の領域とされていた分野で活躍する女性には、ことさら性別が強調されてきた。また新聞などでは、一般の男性には「氏」、女性には「さん」の呼称がつけられるのが習わしだった。一方現在は、かつては女性のものとされていた仕事に男性が参入してきている事実を反映し、「看護師」「介護師」などの呼称も用いられている。

しかし、すべての言葉をジェンダーニュートラルにするのは難しい。アメリカでは一九八〇年代半ばから九〇年代にかけてPCの嵐が吹き荒れ、以降、もともと英語の伝統にないものを無理に形だけ変えても不自然だという反論もある。また、日本では丁寧語というのがあって、夫婦の呼称が難しい。自分のパートナーなら、「妻」「夫」と呼ぶ人でもよそ様の話になると、「奥様」「御主人様」と呼んだほうが人間関係が円滑にゆく場合があるからだ。しかし家の奥にいる人だとか、主従関係をにおわす用語しか適切なものはないのだろうか。

先に述べたように言葉は私たちの意識改革に大切なものである。性差別用語に関する是正も一種のアファーマティブ・アクションだと思えば良い。定着せず消えていくものもあるだろうが、ジェンダーを超えて個として生きることを考えるならば、必要不可欠な試みであろう。

（三杉圭子）

参考図書

『アメリカ研究とジェンダー』渡辺和子（編）　世界思想社　一九九七

コラム23

テレビと携帯とジェンダー

たいていの人は、メディアといえばマスメディアを連想し、マスメディアといえば、テレビ、ラジオ、新聞などを連想する。そのためメディアの本来の意味は、意外に忘れられやすい。それは「間」をつなぐ手段のことだ。この「間」の効果は、個人と個人の関係にとどまらないで、「マス」のレベル、つまり集団のレベルにも波及している。それを可能にしている装置がマスメディアだ。

日本は小国なので、マスメディアは各地に住む人たちの「間」を短時間でつないで、個人の点を全国ネットで網の目に変えて見せる。その中でも、ジェンダーの波及効果に絶大な力をもっているのがテレビだ。毎日毎日、無数の人たちが、何時間もテレビを観て、恋愛ドラマ、芸能ニュース、音楽、ファッションなどに見られるジェンダー観を身体に刷り込んでいる。これでは誰もかれもが数珠つなぎになって、テレビで見た「女らしさ」や「男らしさ」のイメージを日常生活でも「自然」と見なすのも無理はない。

テレビが全国共通のジェンダー観を広めるのに最適のメディア機器だとすれば、そのジェンダー観を個人のレベルで浸透させる格好のメディア機器になっているのが携帯電話だ。携帯の最大の利点は、いつでも、どこでも相手とつながれることである。しかしそれはまた、相手との「間」と共に、双方の身体性を消し去ることをも意味していた。たとえば、大切な要件があっても、相手と会わずに電話で用を足せるし、メールにすれば、音声はもとより個人の筆跡まで液晶文字で消せる。このように、私たちの生身の存在感は、対面から声、声から文字へとコミュニケーションの方法が変化するにつれて弱まっていく。携帯を人間関係の最大の拠り所として、絶えずメールを入れあわなければならない人たちは、浅羽通明が指摘している通り、「相互に他者でなくなるまでに、身体性から遠ざかり、似たりよったりの文章、および記号化した名前へと化してゆく」[*1]。

人は携帯の発達によって、誰にでもなれそうに見えながら、その人にとっての「自分らしさ」をますます同質化・標準化されて、何者にもなれなくなっている。それはジェンダーについてもいえることだろう。よく目につくのは、テレビなどのマスメディアによって形成された全国共通の「女らしさ」や「男らしさ」を疑いもしないで、それを個人のレベルでも「自分らしさ」として発信し続けている人たちだ。特に携帯依存症の人は、誰かとの「つながり」をたしかめたいという欲望のせいで、自分が誰とどのように性のレベルで「つながっている」のかをたしかめる「間」さえ見えにくくなっている。人は他人との「間」によって人間になる。その「間」がなくなれば、人は文字どおり「間抜け」になって人間になれない。その観点からすれば、携帯は最新のメディア機器に見えながら、じつは人と人の「間」を埋めつくして、各自に刷り込まれたジェンダー観を見直す可能性ばかりか、人が人間として「自分らしく」なる可能性をも消し去っているのかもしれない。

（難波江和英）

引用文献

＊1　『「携帯電話的人間」とは何か』浅羽通明（編）宝島社　二〇〇一

参考図書

『ケータイ・ネット人間の精神分析』小此木啓吾　飛鳥新社　二〇〇〇

『若者はなぜ「繋がり」たがるのか』武田徹　PHP研究所　二〇〇二

第十二章　フェミニズムと学問の場

フェミニズムの歴史

フェミニスト。女にやさしい男のこと、と思っているなら大間違い。簡単にいうなら、フェミニストとは、女性の人権を大切にしようと主張している人のことを意味する。だから、女性でも男性でもフェミニストにはなれる。この本を読んでいるあなたも、もし「『女は女らしくしろ』と押しつけられるのはいや」「女性だというだけで能力を認められないのはおかしい」と思っていたりすれば、ちゃんとフェミニストだったりする。

そして、「『女は女らしく』と押しつけられるのはいや」というような思いを、他の人が納得するようにきちんと言葉で説明するためには、筋の通った考え方が必要になる。それを可能にしてくれるのがフェミニズム。フェミニズムとは、性別による差別を認識し、女性と男性の平等をめざそうとする思想、運動、理論のこと。このフェミニズムはいったいどんな歴史をたどってきたのだろうか。ここでフェミニズムの歴史を簡単にまとめてみよう。

まず、第一波フェミニズムともよばれる動きが、十八世紀の終わり頃からヨーロッパで見られた。そのきっかけは一七八九年から始まったフランス革命だといわれている。この革命では、王や貴族たちの支配する封建制度を否定し、市民の「自由・平等・友愛」が叫ばれた。しかし、ここで考えられた「市民」とは男性のことだったのである。このことに気づいた女性たちは抗議の声をあげ、男性と同じ権利と機会の平等を求めた。残念ながら、そのような要求はなかなかかなえられなかったのだが。

参政権を中心にしたこれらの運動は、男性と同じ権利を求めようとする動きであったことに注意してほしい。言葉を変えると、この時代のフェミニズムは女性が男性になることをめざしたものといえるかもしれない。

さて、その後もフェミニズムはさまざまな形で現れたが、本格的になるのは、第二波フェミニズムとよばれる流れが始まった一九六〇年代。男性と同等の権利を要求し、男性と同じように社会参加をしようという主張と同時に、この時期には、女性と男性は異なる、あるいは、女性には男性にはない優れたところがあるという主張も広まった。このような主張は、押しつけられた女らしさからの解放を求めるウーマン・リブという運動のもとになった。この時代は、ウーマン・リブだけではなく、公民権運動（アメリカ）や学生運動（アメリカやヨーロッパなど）のような社会を変えようとする運動が世界各地でさかんだった時期でもある。

この第二波フェミニズムの有名な主張は「個人的なことは政治的なこと」。女性が差別されているのは、男性が女性を支配する家父長制度にあると見なし、女性の地位を向上させるためには夫と妻やカップルなどの男女関係や家族のあり方を変革しなければならないと考えた。それまでのフェミニズムが、政治や労働などの社会的なところでの権利や機会の平等を主張し、家庭の中のことつまり個人的なことは問題とすべきではないと考えていたのに対し、この第二波フェミニズムは、女性に対する差別は家庭の中での女性の無報酬労働や性のダブル・スタンダードなどから生じているのだということを主張し、その変革を求めたのである。この第二波フェミニズムは、現在のさまざまなフェミニズムの源流ともいえるだろう。

日本のフェミニズム——明治、大正、昭和、そして平成

外国の文化や思想を取り入れ始めた明治（一八六八—一九一二年）の中頃、日本でも平塚らいてうなどのフェミニストが登場した。平塚らの発行した女性による文芸雑誌『青鞜』（一九一一—一九一六）は、この時代の日本の女性問題をさまざまに論じた。平塚、与謝野晶子、山川菊栄による一九一八年頃の「母性保護論争」は、日本で初のフェミニスト論争といわれ、女性解放のためには母性を保護することが必要（平塚）、母性よりも経済的自立が必要（与謝野）、資本主義の解体が必要（山川）という三つの立場から論争が行われた。また、一九二〇年頃からは、市川房枝らが女性の参政権を求め活動を始めた。しかし、戦争が近づくと、平塚らの母性保護の考え方は、国家と結びつき、昭和の第二次大戦では軍国主義を支えることにもなった。

第二次大戦終了後、アメリカ占領軍によって男女平等をしるした日本国憲法が作られた。そして一九七〇年代になると、押しつけられた女らしさや母性への抗議としてウーマン・リブ運動が活発

になり、さまざまな活動を通して女性の主体性の確立がめざされた。この時代のフェミニズムは一言で表すならば、戦うフェミニズムであり、その担い手は活動家や実践家であった。

一九八〇年代になると、上野千鶴子らの学者がフェミニズムの担い手として登場。戦いよりも理論を重視した彼女らにより、日本のフェミニズムは多くの人に受け入れられるものになった。女性差別は、家族の中での家父長制から生じるものであるとし、男性にも家庭役割を要求するという考え方は、企業戦士として働くことに疑問をもつ人々にも受け入れられた。また、理論を中心としたフェミニズムは、それまで女性問題にはあまり関心をもっていなかった学者の間でも広まっていったのである。

女性学の登場、そして、ジェンダー・スタディーズへ

アメリカでは、第二波フェミニズムの広がりにより、一九六〇年代後半から女性学のコースを設ける大学も登場した。日本では、一九八〇年代から広がり始め、二〇〇二年度には五三一の四年制大学や短期大学で女性学関連科目が開講されている。[*1]

女性学が登場した当初は、「女性の視点」からこれまでの学問を見直したり新しい学問の枠組みをつくることなどが中心であり、その担い手も女性がほとんどであった。しかし、それから三十年

ほどの歳月が流れた今、そのあり方も変わってきた。女性学によってフェミニズムの思想やジェンダーの視点が広まると、「じゃあ、男性は?」「男性だって差別されているのでは?」という疑問も出始めた。男らしさに縛られ、企業戦士として働かされ、家庭を失い、友人もなく、という男性の置かれた状況が見え始めたのだ。そして、女性の問題には男性の問題も必ずからんでいることに、女性も男性も気づき始めた。こうして、今では女性学は、女性も男性も含めた両性の問題を考えるジェンダー・スタディーズという言葉の中に含められつつある。また、男らしさの問い直しは、男性の抱える問題に焦点を当てた男性学やメンズ・リブを生んだ。

女性学やジェンダー・スタディーズの大きな特徴のひとつは、いろいろな学問領域の壁を越え、異なる分野の学問同士がさまざまに結びついているという学際性にある。この本の執筆者も、文学、心理学、歴史学、医学などを専門としている研究者である。また、日本の大学や短大で開講されている女性学やジェンダー・スタディーズ関連の授業の多くは、異なる専門領域の教員が複数で担当している。このように、女性学やジェンダー・スタディーズは、ひとつの学問ではなく、女性やジェンダーの視点という共通項で結ばれたさまざまな学問の集まったものと考えたほうがいいだろう。

また、女性学やジェンダー・スタディーズで取りあげられてきた性やセクシュアリティの問題は、同性愛者や異性の格好をする人たちなどの性的マイノリティ(クイア)とよばれる人々の抱える問題にも目を向けさせた。こうして、クイア・スタディーズやクイア理論とよばれる研究領域が登場したのである。

女性の視点からジェンダーの視点へ

学問に女性の視点を加えることによって、どんな変化が起こったのか見てみよう。たとえば、歴史学。あなたが、これまで学校で習った歴史上の有名人を思い出してほしい。聖徳太子、源義経、豊臣秀吉、徳川家康、西郷隆盛、……。その中に女性はどのくらい含まれているだろうか。卑弥呼、紫式部、……。圧倒的に男性の名前のほうが多いのではないだろうか。NHKの大河ドラマの主役はたいてい戦国武将。男性である。まるで、歴史は男性がつくってきたかのようだ。こうした男性中心の歴史に、女性の視点が入ることで、その見直しが行われ、歴史の中に埋もれていた女性が発掘されていった。こうして女性史が書かれることになったのである。このような努力を通して、これまで無視されていた女性の存在や女性が歴史に果たした役割などが明らかにされてきた。

しかし、女性史は従来の歴史学を補うものとなりはしたが、歴史学の研究そのものはほとんど変わることがなかった。女性を扱った歴史は歴史学の中の一部分として扱われ、ひどい場合には、女性史で取りあげられた女性は例外や特殊な例として扱われることもあったのである。つまり、女性の視点とは、これまで無視されてきた女性を発掘することには役立ったが、歴史学で研究すべき問題は何かという学問の視点にはほとんど影響を与えることができなかったといえる。

これに対して、ジェンダーの視点は、歴史学そのもののあり方を見直すものといえるだろう。なぜ歴史のおもな出来事の中には男性ばかりが登場するのかという歴史そのものを見つめ直すことを、ジェンダーの視点は提案する。つまり、歴史学の中心テーマであった政治や労働の問題の中でつくられた、女性を排除するようなしくみやジェンダーが組み込まれている構造そのものを明らかにするのである。

学問の場の問題
――アカデミック・ハラスメント

フェミニズムは、学問のあり方だけでなく、学問の場そのものの見直しにも影響を与えた。セクシュアル・ハラスメントについては第十章でとりあげたが、この言葉をもじって、大学や学校というアカデミックなところで見られるいやがらせをアカデミック・ハラスメント、略して「アカハラ」とよぶ。

たとえば、大学教員が自分のゼミにいる女子学生にコーヒーをいれさせたりコピーを取らせたりといった、女子学生を自分のアシスタントのように扱うということや、ひどいときには女子学生の書いた論文を自分の名前で発表する、ということもある。また、アカハラには、男女共学の大学で、男子が女子よりも優遇されたり、女子学生は無視されたりということも含まれる。たとえば、大学でのゼミの中で、男子学生には意見を聞くが女子学生には質問さえしないといったこともあるだろう。また、男子学生には熱心に就職の世話をするが、女子学生にはそんなに世話をしないということもある。もちろん、このようなアカハラは、男性教員と女子学生の間だけでなく、男性教員と男子学生の間でも、女性教員と女子学生の間でも、また、教授と学生だけではなく、教授と助教授や、教授と助手のように、そこに地位や権力の違いがあったら十分起こり得ることだ。しかし、大学教員の数は圧倒的に男性が多いため、アカハラの被害者の多くは女性である。

こうした女子学生に対する差別的な取り扱いは、過去にさかのぼればさかのぼるほどひどくなる。そもそも女性に学問は不要といわれた時代だってあったのだ。男女共学になり、表面的には男女平等のように見える学問の場だって、フェミニズムやジェンダーの視点で見つめるといろいろな問題が浮かびあがってくる。

ジェンダー・スタディーズとあなた

このように、フェミニズムは研究の内容だけでなく、学問のあり方や学問の場にも大きな影響を与えてきた。この本もフェミニズムの影響を受けた研究者によって書かれている。だから、フェミニズムなんて自分の人生と関係ないと思っていても、知らないうちにちゃんとフェミニズムに接しているということになる。そのフェミニズムから生まれたジェンダー・スタディーズ。それは、これまでの学問をジェンダーの視点から問い直そうとするものである。

そして、ジェンダーの視点は、みなさんの生き方そのものを見つめ直すきっかけにもなるだろう。この本で取りあげたテーマは、みなさんのこれからの人生や、これまでの人生にかかわるものが多かったと思う。そして、それらのテーマについて、ジェンダーの視点からはどのように考えることができるかを説明した。女性がお茶くみをし、男性がデート代を払い、妻が家事をし、夫が収入を得るということを「あたりまえ」と思っていた人には、それがあたりまえではなく社会によってつくられた考え方で、時代や社会が変われば考え方そのものも変わるものであることを理解してもらえたのではないだろうか。また、そんな性別役割分担をもともと「イヤだ」と思っていた人には、その気持ちをきちんと説明できるような枠組みを提供できたのではないかと思う。

この本では取りあげることができなかったテーマも多い。たとえば、離婚や介護。離婚によって男性の生活水準は上がり、女性のそれは下がることが多い。介護の担い手として期待されているのは、多くの場合、女性だ。こうしたことも、ジェンダーという視点を用いて考えていくことで新しい解決法が生まれるかもしれない。また、第三世界とよばれる地域の少女に対する性的搾取や女性器切除のように、経済格差や地域固有の伝統文化などがからまっている問題もある。こうした複雑な問題を考えるときにも、ジェンダーの視点はひとつの切り口を与えてくれるだろう。

ジェンダー・スタディーズはつい最近誕生したばかり。いろいろな専門領域にまたがっているだけに、これからどんな方向に進んでいくかわからないけど、それも楽しいに違いない。そして、あなた自身もその流れの中で方向を決める人になってほしいと願う。

読者のための参考図書

『フェミニズム入門』大越愛子　筑摩書房　一九九六

フェミニズムに関する書物はたくさん出版されているが、わかりやすくフェミニズムの歴史がまとめられている。

『フェミニズム』江原由美子・金井淑子（編）　新曜社　一九九七

フェミニズムの歴史やフェミニズムのいろいろな立場（ラディカル・フェミニズムやリベラル・フェミニズム、エコロジー・フェミニズムなど）がそれぞれわかりやすく説明されている。

『フェミニズムの名著50』江原由美子・金井淑子（編）　平凡社　二〇〇二

第一波フェミニズムから現代までのフェミニズムの代表的な著作を紹介した本。

『岩波女性学辞典』井上輝子・上野千鶴子・江原由美子・大沢真理・加納実紀代（編）　岩波書店　二〇〇二

女性学、ジェンダー・スタディーズおよびそれらに関連する用語が説明されている辞典。勉強するときに手元にあると便利。

コラム24

政治学の科学化とジェンダー・バイアス

あたりまえだと思っていたことが、じつはあたりまえではなかったことに気がつく。客観的な知識や科学だと思っていたものが、実際は権力関係の中で編み込まれた社会的産物にすぎないことを知る。こうした学問におけるコペルニクス的転回をもたらしたもののひとつとして、フェミニズム思想がある。科学や知識がジェンダー・バイアスのかかったものであることは多くの人が認めるところであろうが、その中でも政治学、特に国際政治学は、男性中心主義的な考え方が依然として中心的な役割を果たしている学問分野である。そのような政治学という知の様式に対して、フェミニズム思想はさまざまな角度から批判を行い、その再編成を迫っている。

たとえば、政治とは公の場のことであり、私事をもちこまないことが原則であり、それがあたりまえであった。そして公つまり政治は男の領分であり、私つまり家庭は女の領分であるといった二項対立、ドメスティック・イデオロギーがなかば自明のものとされてきた。こうした考えに対して、フェミニスト政治学者たちは、機能主義的男女分業論に立脚した性差別主義的な見方であると批判し、その解体を迫ってきた。戦争が近代的国家を形成してきたという歴史的文脈ともからみながら、一見すると自然な区分（国内／国外）に立脚した国家、そして国際政治がきわめて強いジェンダー・バイアスをもっていることが指摘されるようになってきた。今やクイア理論などの登場とも連動し、そうした自然な区分・二項対立やそれに立脚した政治的概念が揺らいでいることに着目がなされるようになってきている。

フェミニズム思想を含む社会構築主義の立場からの政治学に対する批判的検討が行われている一方で、最近ではゲーム理論（合理的選択理論）の導入などによる「政治学の科学化」の勢いも強くなっている。政治科学（political science）という呼称からもわかるように、アメリカの政治学は特に行動科学の台頭以降、イデオロギーからの脱却、「政治学の科学化」を図ってきた。「すべての問題は価値自由な科学的方法を適用することで解決することができる」、さらには「科学は、自然と同様に、社会に対しても有用である」といった信念に支えられた「政治学の科学化」の動きは、最近また合理的選択理論などによって強まっている。しかし、政治学がまさに権力現象を扱う以上、また科学そのものもテーマの設定、データの収集などさまざまな過程におけるバイアス性から完全に自由になれない以上、実証主義的科学、中立的な装いをつくろうことに奔走すれば、その帰結として、バイアスが隠される危険性は一層増していく。じつは、フェミニズム思想による政治学の批判的な脱／再構築作業も、こうした科学主義が抱えている問題と無縁ではない。バイアスは必ずしもジェンダー的な支配関係からだけ派生するものではない。人種、エスニシティ、階級など、さまざまな支配関係が交錯しているバイアスを完全に除去することはほとんど不可能といって良い。バイアスの除去とは、言い換えると「消し去られようとしている声を聴き取ろうとすること」である。声を消そうとするのはジェンダー的権力だけではないのだから、政治学に内在するジェンダー・バイアスを批判的に検討する作業も、そこで終わってしまうのではなく、消し去られている別の声を聴き取ろうとする努力を続ける必要がある。知識と権力との関係を解きほぐしていく批判的な知的営為は、果てしなく続いていくのである。

（土佐弘之）

コラム25

文化学における ジェンダー研究の貢献

文化学（カルチュラル・スタディーズ）は、人間のあり方を考えるために、三つの基本となる視点を備えている。レース（人種）、クラス（階級）、そしてジェンダー（文化・社会によってつくられた性）だ。しかしじつは、文化学の視点として、ジェンダーが最初から用意されていたわけではなかった。それでは、文化学がジェンダーの視点を重視するようになったのは、いつ頃からだろうか。それを知るには、文化学の歴史を少しさかのぼってみなければならない。

文化学は一九五〇年代から一九六〇年代にかけて、イギリスで形成され始めた。その基礎をつくったのは、リチャード・ホガート、レイモンド・ウィリアムズ、E. P. トンプソンといった学者たちである。また、文化学が始まったとされるバーミンガム大学の現代文化研究センター（CCCS）で初代所長を勤めて、文化学のリーダーと見なされたのはスチュアート・ホールという学者だった。今並べた名前を見てもわかる通り、文化学の形成と確立にかかわった人物たちは、すべて男性だった。しかも彼らは、マルクス主義とよばれる思想の潮流に乗って文化学を発展させてきたので、男性中心の見方とともに生産中心と階級中心の見方の影響も受けていた。そのため彼らは、資本家階級を中心としたエリート主義の文化を批判して、労働者階級や若者の文化を擁護したにもかかわらず、一九七〇年代にフェミニズムの激しい非難にさらされた。つまり、フェミニズムの角度から見れば、彼らが擁護しようとしていたのは、あくまで「男性」によって代表される労働者階級文化や若者文化にすぎなかったのだ。この男性文化の特権化が従来の文化学の弱点であることを見抜いて、それをジェンダーの視点から克服しようとした学者に、たとえば一九七六年に「少女たちとサブカルチャー」を発表したアンジェラ・マクロビーがいる。

こうした経緯があったので、一九八〇年代に入ると、ジェンダーの視点を欠いた文化学は考えられなくなった。しかしそれと同時に、ジェンダーを基軸として「女性」の文化に着目するだけのフェミニズムの方法にも批判が加えられることになった。その最大の理由は、既存のフェミニズムが訴えてきた女性の連帯が、欧米圏の、教育のある、白人の女性を中心としたものだったからだ。それに対して、イギリスの黒人女性という観点から、非欧米圏の、非白人の女性の経験を見直して、ジェンダーと人種の視点を重ねながらイギリス本土の文化学の可能性を開いたのは、一九八二年に「白人女性よ、聞きなさい！――黒人のフェミニズムとシスターフッドの境界」を発表したヘーゼル・カービーだった。

これまでの流れからも推察できる通り、文化学では、人間を世界共通の概念と見なさない。むしろ文化学では、人間を人種、階級、そしてジェンダーが交差するプロセスのなかで形づくられるものと考える。ジェンダー研究は、人種と階級の組み合わせに依存していた一九七〇年代までの文化学の方法について、それだけでは人間の形成を充分に説明できないことを性という人間存在の根源から明らかにした点で、今なお文化学の発展におおいに貢献している。

（難波江和英）

参考図書
『カルチュラル・スタディーズ入門』上野俊哉・毛利嘉孝　筑摩書房　二〇〇〇
『カルチュラル・スタディーズ』吉見俊哉　岩波書店　二〇〇〇
『カルチュラル・スタディーズへの招待』本橋哲也　大修館書店　二〇〇二

第十章

＊1　朝日新聞大阪版　2002年3月20日　「避妊・性感染症の教育不十分」

第十一章

＊1　井上照子・江原由美子（編）　1999　第三版　女性のデータブック　有斐閣
＊2　小玉美意子　1991　新版　ジャーナリズムの女性観　学文社

第十二章

＊1　国立女性教育会館ホームページ　女性学・ジェンダー論関連科目データベース
http://www.nwec.jp/

＊2　厚生労働省雇用均等・児童家庭局　2001　平成12年版　女性労働白書　財団法人21世紀職業財団
＊3　板東眞理子（編）　2001　四訂版　図でみる日本の女性データバンク　財務省印刷局
＊4　落合恵美子　2000　近代家族の曲がり角　角川書店
＊5　山田昌弘　1994　近代家族のゆくえ　新曜社
＊6　上野千鶴子（編）　1982　主婦論争を読むⅠ・Ⅱ　勁草書房
＊7　藤井治枝　2002　専業主婦はいま　ミネルヴァ書房
＊8　山田昌弘　2001　家族というリスク　勁草書房

第六章

＊1　厚生労働省ホームページ　統計情報　http://www.mhlw.go.jp/toukei/index.html
＊2　大日向雅美　2000　母性神話の罠　日本評論社

第七章

＊1　板東眞理子（編）　2001　四訂版　図でみる日本の女性データバンク　財務省印刷局
＊2　就職難に泣き寝入りしない女子学生の会　1996　超氷河期だって泣き寝入りしない！――女子学生就職黒書　大月書店
＊3　厚生労働省雇用均等・児童家庭局（編）　2001　平成12年版　女性労働白書　財団法人21世紀職業財団
＊4　川口和子　1997　雇用における男女平等とは　新日本出版社
＊5　井上輝子・江原由美子（編）　1999　第三版　女性のデータブック　有斐閣
＊6　小櫻勲（編）　2001　図表でみる日本の労働・経済　新日本出版社
＊7　中西英治　2002　輝いて，しなやかに　新日本出版社

第八章

＊1　生野照子　2001　学校保健フォーラム　健学社
＊2　Smolak, L.　1996　*The Developmental Psychopathology of Eating Disorders.* Lawrence Erlbaum Associates.

第九章

＊1　伏見憲明　1997　<性>のミステリー――越境する心とからだ　講談社

引用文献

第二章

＊1　半田たつ子　1996　家庭科にみる戦後50年　女子教育もんだい, **66**, 30-36.

＊2　崎田智子　1996　英語教科書の内容分析による日本人の性差別意識の測定　実験社会心理学研究, **36**, 103-113.

＊3　氏原陽子　1996　中学校における男女平等と性差別の錯綜　教育社会学研究, **58**, 29-46.

＊4　木村涼子　1997　教室におけるジェンダー形成　教育社会学研究, **61**, 39-54.

＊5　サドカー, M.・サドカー, D.　河合あさ子（訳）　1996　「女の子」は学校でつくられる　時事通信社

第三章

＊1　溝江昌吾　2002　数字で読む日本人　自由国民社

＊2　NHK「日本人の性」プロジェクト（編）　2002　データブック　NHK日本人の性行動・性意識　NHK出版

第四章

＊1　落合恵美子　2000　近代家族の曲がり角　角川書店

＊2　小山静子　1991　良妻賢母という規範　勁草書房

＊3　厚生労働省ホームページ　統計情報　http://www.mhlw.go.jp/toukei/index.html

＊4　山田昌弘　1999　パラサイト・シングルの時代　筑摩書房

＊5　浅野素女　1995　フランス家族事情――男と女と子どもの風景　岩波書店

第五章

＊1　久武綾子・戒能民江・若尾典子・吉田あけみ　1998　補訂版　家族データブック　有斐閣

索　引

高橋友子（神戸女学院大学文学部助教授）［９章，C16，C21］
専門　イタリア史
立命館大学大学院文学研究科博士課程後期単位取得退学・博士（文学）
主著　『路地裏のルネサンス――花の都のしたたかな庶民たち』（中公新書　2004年）
『中世ヨーロッパを生きる』（東京大学出版会　2004年）
『捨児たちのルネッサンス』（名古屋大学出版会　2000年）

学生体験談（コラム）担当

枷場美穂［体験談１］
神戸女学院大学大学院人間科学研究科博士前期課程在学中執筆
現在　臨床心理士

古橋右希［体験談２］
神戸女学院大学大学院文学研究科博士後期課程在学中執筆
現在　神戸女学院大学教育開発センター職員

ジェフリー・アングルス（Jeffrey Angles）［体験談３］
オハイオ州立大学大学院東亜言語文学部日本文学科在学中執筆
現在　西ミシガン大学外語学部助教授（Assistant Professor, Department of Foreign Languages, Western Michigan University）

岩井茂樹［体験談４］
総合研究大学院大学文化科学研究科博士後期課程在学中執筆
専門　日本文化研究

小川順子［体験談５］
総合研究大学院大学文化科学研究科博士課程後期在学中執筆
専門　日本文化研究

土井晶子［体験談６］
神戸女学院大学大学院人間科学研究科博士後期課程在学中執筆
現在　神戸女学院大学心理相談室非常勤カウンセラー

コラム担当

丸島令子［C１，C９］
神戸親和女子大学文学部教授
専門　臨床心理学，発達臨床心理学，家族心理学

平野美樹［C３］
金城大学社会福祉学部専任講師
専門　日本文学（中古）

溝口　薫［C４，C10］
神戸女学院大学文学部教授
専門　英文学

森　未貴［C５］
甲南女子中学・高等学校教諭（社会科）
専門　文化社会学

真栄平房昭［C８］
神戸女学院大学文学部教授
専門　近世日本と東アジアの国際交流史

山田到史子［C12］
関西学院大学大学院司法研究科助教授
専門　民法

荻野美穂［C14］
大阪大学大学院文学研究科教授
専門　近現代女性史，ジェンダー論

上野輝将［C19］
神戸女学院大学文学部教授
専門　日本現代史

土佐弘之［C20，C24］
神戸大学大学院国際協力研究科教授
専門　国際関係論，比較政治学

執筆者一覧

森永康子（神戸女学院大学人間科学部教授）［1章，2章，12章，C7，全体編集］
専門　生涯発達心理学，ジェンダー心理学
広島大学大学院教育学研究科博士課程後期単位取得退学・博士（教育心理学）
主著　『そのひとことが言えたら…働く女性のための統合的交渉術』（訳　北大路書房　2005年）
『女らしさ，男らしさ　ジェンダーを考える』（北大路書房　2002年）
『女性の就労行動と仕事に関する価値観』（風間書房　2000年）

難波江和英（神戸女学院大学文学部教授）［3章，C2，C23，C25］
専門　英米文学，文化学
関西学院大学大学院文学研究科博士課程後期単位取得退学
アイオワ大学大学院修士課程修了（英文学M. A.）
主著　『恋するJポップ』（冬弓舎　2004年）
『現代思想のパフォーマンス』（共著　松柏社　2000年）
『共同講座 20世紀のパラダイム・シフト』（共著　国書刊行会　2000年）

飯田祐子（神戸女学院大学文学部助教授）［4章，10章，C6，C18］
専門　日本近現代文学，フェミニズム批評
名古屋大学大学院文学研究科博士課程後期満期退学・博士（文学）
主著　『『青鞜』という場——文学・ジェンダー・〈新しい女〉』（編著　森話社　2002年）
『構築主義とは何か』（共著　勁草書房　2001年）
『彼らの物語——日本近代文学とジェンダー』（名古屋大学出版会　1998年）

石川康宏（神戸女学院大学文学部教授）［5章，7章，C13］
専門　経済学，経済理論
京都大学大学院経済学研究科博士課程後期単位取得退学
主著　『ハルモニからの宿題』（ゼミ編　冬弓舎　2005年）
『軍事大国化と「構造改革」』（共著　学習の友社　2004年）
『現代を探究する経済学』（新日本出版社　2004年）

三杉圭子（神戸女学院大学文学部助教授）［6章，11章，C11，C15，C17，C22］
専門　現代アメリカ文学，文化論
同志社大学大学院文学研究科博士課程修了・博士（英文学）
主著　『表象と生のはざまで』（共著　南雲堂　2004年）
『アメリカ文学と冷戦』（共著　世界思想社　2001年）
『亀井俊介と読むアメリカ古典12』（共著　南雲堂　2001年）

生野照子（神戸女学院大学人間科学部教授）［8章］
専門　心身医学，医療心理学
大阪市立大学医学部卒業
主著　『過食症からの脱出』（共著　女子栄養大学出版部　1997年）
『こころの病気』（ルック　1995年）
『拒食症過食症とは』（共著　芽ばえ社　1993年）

はじめてのジェンダー・スタディーズ

2003年 2 月10日　初版第 1 刷発行
2005年12月20日　初版第 4 刷発行
定価はカバーに表示してあります。

編　者　森永　　康子
　　　　神戸女学院大学ジェンダー研究会

発行者　小森　　公明
発行所　㈱北大路書房
〒603-8303　京都市北区紫野十二坊町12- 8
電　話　(075) 431-0361㈹
F A X　(075) 431-9393
振　替　01050- 4 -2083

印刷・製本／亜細亜印刷㈱
検印省略　落丁・乱丁本はお取り替えいたします。
ISBN 4 -7628-2293- 0　　Printed in Japan